劉秋瑞，一九八二年九月出生，河南鄭州人。二〇一一年畢業於安徽大學，獲文學博士學位。現爲鄭州輕工業大學副教授，中國文字學會會員。主要從事文字學與古文字學研究及教學工作。

本書是國家社科基金項目（19BYY153）的階段性成果

# 宋人著録商周青銅器銘文文字編

漢字文明研究・書系之六

劉秋瑞 編著

社會科學文獻出版社
SOCIAL SCIENCES ACADEMIC PRESS (CHINA)

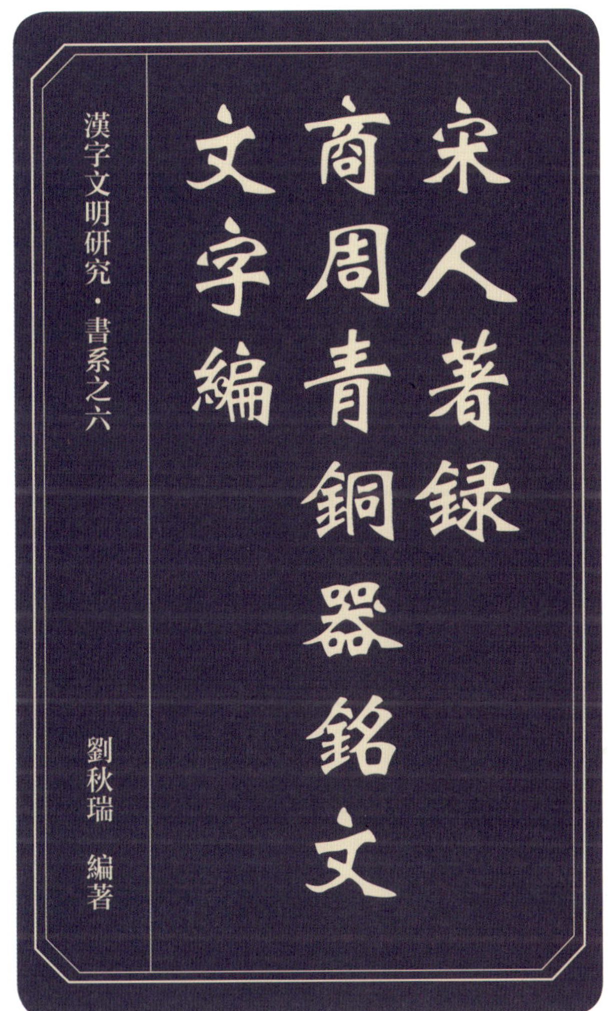

# 『漢字文明研究』成果系列編輯委員會

# 『漢字文明研究』成果系列出版前言

東漢時河南人許慎説：『蓋文字者，經藝之本，王政之始，前人所以垂後，後人所以識古。』這裏的『文字』後來稱『漢字』。漢字是傳承發展到當代的中華優秀文化之一。作爲内涵豐富的符號系統，漢字承載着數千年的歷史文化、民族智慧；作爲交流思想信息的重要工具，漢字也是國家管理和社會生活必不可少的。中央號召發揚傳統優秀文化，實施文化强國戰略，漢字舉足輕重。

河南是漢字的發源地，有着豐富的原始材料和悠久的研究傳統。可以説，第一批漢字材料，第一部漢字學著作，第一本漢字教科書，第一位漢字學家，第一位書法家，第一位漢字教育家，第一位漢字規範專家，都出自河南。漢字作爲中華文明的重要標誌，極具創造性和影響力，應該成爲河南得天獨厚的優勢品牌。『漢字文明』的傳承發揚需要『許慎文化園』『中國文字博物館』之類的物質工程，也需要學術研究及學術成果，還需要漢字教育和傳播。鄭州大學作爲河南的最高學府，責無旁貸應該承擔起傳承和發展漢字文明的歷史使命。該校領導眼光宏大，志向高遠，批准成立了『漢字文明研究中心』，並在規劃和實施『中原歷史文化』一流學科建設中，把『漢字文明』定爲研究方向之一。

漢字文明研究中心自二〇一六年九月成立以來，在學校領導和學界同仁的支持鼓勵下發展順利。現已由專職和兼職（客座）人員共同組建起研究團隊，並已陸續産生成果。爲了及時推出中心成員取得的研究成果，本中心擬陸續編輯出版『漢字文明研究』成果系列。『漢字文明研究』範圍極廣，包括而不限于漢字本體（形體、結構、職用）的理論研究，漢字史研究，漢字學術史研究，漢字與漢語的關係研究，漢字與民族國家的關係研究，漢字與泛文化關係研究，跨文化漢字研究（漢字傳播、域外漢字、外來文化對漢字系統的影響、漢字與異文字比較等），漢字教學與漢字規範研究等。這麽多五花八門的成果如果按照内容分類編輯出版，命名將十分繁雜，且不易各自延續。因此，擬采用最簡單的形式分類法，論文集編爲一個系列，包括本中心主辦的會議論文集、本中心成員（含兼職）個人或集體論文集、本中心組編的專題論文集等，統一按照『漢字文明研究·文集之N+本集專名』順序出版；著作和書册編爲一個系列，包括本中心成員（含兼職）的專著、合著、資料整理、工具書、主題叢書、教材等，統一按照『漢字文明研究·書系之N+本書專名』順序出版。

『漢字文明研究』成果系列由中心主任李運富教授主編，編輯委員會負責推薦和審定。各文集和書系的作者或編者皆獨立署名，封面出現『漢字文明研究·文集之N』或『漢字文明研究·書系之N』字樣，扉頁印編輯委員會名單。『文集』與『書系』設計風格大體一致。

希望本中心『漢字文明研究』碩果累累。

漢字文明研究中心

李運富

# 前言

宋人始爲彝器款識之學，宋代的古器物、古文字研究，是包括在金石學研究之中的。宋代金石學著作是歷史上第一次大規模研究古器物的集中反映，它標誌着對古代器物的研究成爲一門專門的學問而受人關注，具有極其重要的學術價值。

首先，作爲金石學的研究成果，宋代金石學著作反映了宋代史學研究的狀況，對我們研究宋代的史學史、學術史乃至整個金石學的發展有着重要的意義。同時，宋代金石學著作不僅開拓了金石學的領域，而且它爲後代金石著作的編纂提供了一種摹本，爲金石學在清代的全面繁榮奠定了堅實的基礎。

其次，宋代著録青銅器銘文的一個重要價值，是保存了一些宋代人曾經見到而後來已經散佚的銅器銘文。這些銘文，各書著録的雖然僅是摹本，但具有十分重要的研究價值，相當珍貴。

其中《叔弓鎛》共四百九十多字，和《叔弓鐘》字數差不多，如此長的銘文，至今罕見。《楚公逆鐘》是西周晚期楚國的一件青銅器，銘文四行三十六字，其行款字形別具特色，晚清以來一直受人重視。《戉王旨於賜鐘》爲戰國時越國的銅器，銘文中有鳥書，是研究戰國時鳥蟲書的重要材料之一。《牧簋》是現在所能見到的鑄刻文字最多的簋，雖有的地方摹刻失真，難以全部解釋，但仍受學術界重視。《塱盨》是現在所能見到的鑄刻文字最多的盨。

再次，宋人著録的青銅器銘文也同樣具有重要的史料價值。我們可以從《塱盨》所記載的内容推斷出當時的國人已有放縱作亂的行爲而危害着西周王朝，爲官者不循法度，周王警告『勿使獻虐從獄』。這是一條極好的史料。《師訇簋》銘文中有『哀才』，從上下文義可知『才』應讀爲『哉』，這種用法在金文中比較罕見。

從古文字學的角度看，宋代著録的青銅器銘文同樣具有重要的價值。對照宋人著録銅器銘文的情況與科學考古新發現，我們可發現宋人摹寫訛誤之處，並找出其訛誤的規律，從而更清楚地認識宋人在古文字研究方面取得的成果及存在的局限性。薛尚功《歷代鐘鼎彝器款識法帖》第九卷《趞鼎》中有一字，宋人摹作，不知其形構，傳世《厚趞方鼎》銘文（《愙齋集古録》五・一三）與宋人著録銘文全同，其中此字作，可看出宋人將下所从『貝』形摹訛，上所从之形也摹訛爲『幺』形。

由於宋代金石學著作具有如此重要之價值，對於宋代金石學形成的原因及其學術遺存，自清末以來，學界做過不少探討和總結，如王國維等就曾對金石學的興起和形成做過理論上的討論。王國維先生早在一九一四年就編制了《宋代金文著録表》；一九二八年容庚先生又在王表的基礎上加以修訂，重編了《宋代金文著録表》，對宋人著録的青銅器數目進行了清理；容庚先生的《宋代吉金書籍述評》對宋代學者所著録的金石書籍進行了整理研究；郭沫若、唐蘭、于省吾、楊樹達等學者對宋人著録的重要青銅器銘文進行了考釋和斷代。近幾十年來，考古發掘出土了不少可與宋代學者著録的青銅器銘文相比照的新材料，使宋代著録的青銅器研究越來越成爲學術熱點。在宋人著録青銅器數目的整理方面，張亞初先生在王、容的基礎上剔除秦漢銅器銘文，編制了《宋代所見金文著録表》；在校釋方面，劉昭瑞先生把科學考古發掘與宋代學者著録的青銅器銘文相比照，著成《宋代著録金文校釋》《簡論宋人古器物學研究》《宋人著録商周青銅器銘文箋證》等；在討論金石學取得的成就方面，傅振倫《宋代的金石學》、夏超雄《宋代金石學的主要貢獻及其興起的原因》、吴偉華《宋代金石學著作的學術價值》、劉克明《宋代金石學著作中的圖學成就》等成果進行了總結和歸納。雖然相關成果很豐碩，但至今未見有對宋人著録的銅器銘文字形進行系統整理的論著。實際上早在六七十年前，容庚先生就曾著文提出了全面清理宋人所著録青銅器及其銘文的主張，因此全面清理宋人所著録青銅器及其銘文，編制宋人著録商周青銅器銘文文字編就更加必要了。

宋代著録青銅器多是以摹本形式，而要通讀銘文以了解其中所反映的思想内容，首先要認識銅器上的文字。文字編是可供查詢的工具書，是廣大文史工作者閱讀銘文的重要參考。

其次，摹本本身屬於第二手材料，最典型的是薛尚功《歷代鐘鼎彝器款識法帖》第十卷所著録的穆公鼎。後來出土的一件同銘之器，可證明宋人穆公鼎摹本文字失誤頗多。文字編以簡潔明瞭的方式展現了宋人摹寫的全貌，更便於研究。

再次，一本摹寫精美的文字編（如《金文編》）還可以給書法愛好者一定的幫助。現在的文字編大多是由電腦處理的，我們也採用這種方法，對掃描的圖片進行處理，儘量保存字形的原貌，以避免摹寫失真的弊病。

因此，文字編無論對歷史考古學界、古文字學界，還是書法藝術學界等，都能起到一定的作用。

宋人著録的先秦有銘文青銅器，近人做過不少整理和研究工作。宋人著録青銅器基本成書的有十一種：歐陽修的《集古録跋尾》、吕大臨的《考古圖》、趙明誠的《金石録》、王黼等的《宣和博古圖》、董逌的《廣川書跋》、黄伯思的《東觀餘論》、趙九成的《續考古圖》、薛尚功的《歷代鐘鼎彝器款識法帖》、張倫的《紹興内府古器評》、王厚之的《鐘鼎款識》、王俅的《嘯堂集古録》。除此之外，散見於宋人筆記小説中的青銅器亦不少，要精確統計出宋人所著商周青銅器及其銘文的數量幾乎是不可能的。據劉昭瑞先生的統計，宋人著録的有銘文摹本傳世而又確信不僞的青銅器銘文共四百六十四種，但他將大夫始鼎作爲僞器處理，並没有足够的證據，所以本文字編共收録宋人著録的青銅器銘文四百六十五種。這足以做成一部爲學界提供參考的工具書。

有鑒於此，筆者選擇編纂宋人著録的商周青銅器銘文文字編。

本字表收録宋人著録商周青銅器銘文，包括商周金文八百四十七文，附録上一百二十二文，附録下一百三十文。正編中《金文編》未收一百三十五文，更改《金文編》原有九個字頭，正編已識字中，經宋人考釋正確四百七十三文。本文字編的編寫，可大體了解宋人研究金文的情况。

# 凡例

一、本文字編銘文資料選用中華書局《宋人著録金文叢刊初編》（影印本），分正編、附録上、附録下三部分編排。

二、文字編所收録單字主要選自薛尚功《歷代鐘鼎彝器款識法帖》（以下簡稱《法帖》），《法帖》所未收之器，再從吕大臨的《考古圖》、王厚之的《鐘鼎款識》、王俅的《嘯堂集古録》等書中擷出。

三、正編集録單字，遵容庚先生《金文編》例，分部部居，略依許慎《説文解字》（以下簡稱《説文》），分十四卷編排，字頭均以楷書寫定；《説文》所無之字而形聲可識者，字頭書以楷書，加上※，均附於《説文》各部之末，並以筆畫繁簡排列。

四、孳乳字不避重出，分隸兩部，注明某字重見。

五、對於專字廢而假借行之字，遵《金文編》收入假借字頭下。

六、圖形文字之未識者爲附録上，形聲之未識者、偏旁難以隸定者、考釋猶待商榷者爲附録下。

七、附録下中諸家有争議之字，在字形下略列出各家觀點，以供參考。

八、對於《禹鼎》，由於宋人摹訛較甚，其字形未收入文字編中，而將宋人摹本與後來所出之拓本並附於文字編末，以兹對照。

九、每個字形下注明該字所出的器名、詞例或句例，以便研究。

十、器名略依容庚先生《宋代金文著録表》，對於那些有明顯異議的器名，如簠爲𠥍等，再參以《殷周金文集成》做適當調整。

十一、詞例、句例主要按『隸古定』原則，今字或通假字書於『（）』中，缺字用『□』代之。詞例、句例多依《殷周金文集成》，再參以馬承源先生的《商周青銅器銘文選》、于省吾先生的《雙劍誃吉金文選》、劉昭瑞先生的《宋代著録商周青銅器銘文箋證》等書，加以酌定。

# 目録

## 卷四

## 卷八……一六五

卷十二……二一五

# 卷一

## 【一部】

### 一

師猒簋
鐘一

敔簋
隹王十又一月

師訇簋　易（賜）女（汝）䰞鬯一卣、圭


㙉盨
易（賜）女（汝）䰞鬯一卣


㙉盨
迺乍（作）余一人


㙉盨
用辟我一人


牧簋
易（賜）汝䰞鬯一卣

### 元

師猒簋
隹王元年正月初吉丁亥

蔡簋
隹元年既望丁亥

師訇簋
隹元年二月既望庚寅

鄦子鐘一
元鳴孔皇

鄦子鐘二
元鳴孔皇

叔弓鎛
其乍（作）福元孫

叔弓鎛
其乍（作）福元孫

叔弓鐘六
其乍（作）福元孫

### 天

子父丁鼎

天己丁簋

己天簋

大夫始鼎
大夫始敢對揚天子休

蔡簋
敢對揚天子不（丕）顯魯休

䣄簋蓋
敢對揚天子休命

## 丕

敔簋 敔敢對揚天子休

鄦簋 敢對揚天子休命

師訇簋 敢對揚天子休

寰鼎 敢對揚天子不（丕）顯叚（嘏）休令

師秦宮鼎 敢對揚天子不（丕）顯休

塱盨 對揚天子不（丕）顯魯休

何簋 對揚天子魯命

師訇簋 受天令

師訇簋 今日天疾畏降喪

塱盨 則唯輔天降喪

伯克壺 伯克敢對揚天右王伯友

師秦宮鼎 敢對揚天子不（丕）顯休 不字重見

## 【上部】

## 上

師艅尊 王女（如）上医

敔簋 王令敔追禦（襲）于上洛烬谷

秦公鐘 不豙在上

## 帝

師訇簋 肄皇帝亡（無）斁

叔弓鎛 又敢（儼）才（在）帝所

叔弓鐘四 又敢（儼）才（在）帝所

## 旁

彔旁仲駒父簋蓋 彔旁仲駒父乍（作）仲姜簋

彔旁仲駒父簋一 彔旁仲駒父乍（作）仲姜簋

彔旁仲駒父簋二 彔旁仲駒父乍（作）仲姜簋

㝬卣 王初饔旁

下　禄　福　禪　祀

## 下

雝公諴鼎
下鄀雝公諴乍（作）尊鼎

秦公鐘
竈又下國

## 【示部】

## 禄

史伯碩父鼎　用彔爲禄　彔字重見
用祈匄百彔（禄）沫壽

## 福

史顯鼎
顯其萬年多福無疆

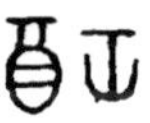
弭仲𠤳
弭仲受無疆福

虢姜簋蓋
受福無疆

姬寏母豆
永命多福

曩公壺
它（迤）巸（熙）受福無期

召仲考父壺
多福滂

秦公鐘
以受多福

叔弓鎛
其乍（作）福元孫

叔弓鐘六
其乍（作）福元孫

叔弓鐘六
其萬福純魯

叔弓鎛
其萬福純魯

遲父鐘
乃用祈匄多福

曾師盤
□福無疆

穧卣蓋
其子=孫永福

穧卣
其子=孫永福

## 禪

虢姜簋蓋
用禪追孝于皇考叀中

## 祀

己酉簋
隹王十祀劦日

豐乍父丁簋
隹王六祀肜日

寑卣蓋
隹王九祀劦日

# 祖　祝　祈

嶲卣器　隹王九祀劦日

楚王酓章鐘　隹王五十又六祀

秦公鐘　虔敬朕祀

召仲考父壺　用祀用饗

瘨鼎　不从示，且字重見　用乍（作）皇祖文考盂鼎

叔弓鐘四　及其高祖

叔弓鐘六　用享于其皇祖皇妣皇母皇考

叔弓鐘六　不（丕）顯皇祖

鄦簋蓋　右祝鄦

鄦簋　右祝鄦

鄦簋蓋　𦓤五邑祝

鄦簋　𦓤五邑祝

叔液鼎　旂字重見　用祈沬壽

叔夜鼎　用祈沬壽無疆

史伯碩父鼎　用祈匄百录（禄）沬壽

史顯鼎　用祈匄沬壽

晉姜鼎　晉姜用祈𩐁綰沬壽

虢姜簋蓋　祈匄康屯（純）右（佑）

姬寏母豆　用祈沬壽

伯戔盤　用祈沬壽萬年無疆

召仲考父壺　用祈沬壽

遲父鐘　乃用祈匄多福

伯百父簋　用祈萬壽

叔弓鎛　用旂爲祈　旂字重見　用祈沬壽

# 三

叔弓鐘六
用祈沬壽

## 【三部】

瘨鼎
隹三年四月庚午

中鼎
隹十又三月庚寅

微䜌鼎
隹王廿又三年九月

牧簋
隹王七年十又三月既生霸甲寅

何簋
隹三月初吉庚午

大夫始鼎
隹三月初吉甲寅

晉姜鼎
三壽是利

叔弓鎛
余命女（汝）政于朕三軍

叔弓鎛
𢿢龢三軍徒旃

叔弓鐘一
余命女（汝）政于朕三軍

叔弓鐘一
𢿢龢三軍徒旃

文嫊觥器
才（在）十月又三

師訇簋
尸允三百人

# 王

## 【王部】

南宮中鼎一
隹王令南宮伐反虎方之年

南宮中鼎一
𢦏王应

南宮中鼎一
中評歸生鳳于王

厚趠方鼎
隹王來各于成周年

南宮中鼎二
隹王令南宮伐反虎方之年

南宮中鼎二
王令中先省南國貫行

南宮中鼎二
埶王应

南宮中鼎二
中評歸生鳳于王

夌鼎
王至于䢸应

師秦宮鼎
王□□于師秦宮

師秦宮鼎
王□賜□□□□□□□□

史伯碩父鼎
王母泉女尊鼎

史顯鼎　史顯乍（作）朕皇考
釐中王母泉女尊鼎

微䜌鼎
隹王廿又三年九月

寰鼎
王才（在）周康穆宮

寰鼎
王各大室

寰鼎
王乎（呼）史減冊賜寰

晉姜鼎
隹王九月乙亥

師𩛥鼎
王女（如）上戾

師𩛥鼎
王

大夫始鼎
王才（在）𦒼宮

大夫始鼎
王才（在）華宮

大夫始鼎
王才（在）邦宮

大夫始鼎
王才（在）邦

師𩛥尊
王女（如）上戾

師𩛥尊
王

中甗
王令中先省南國貫行

中甗
以王令曰

中甗　乎貯言曰貯貝日
傳王□休

叔邦父簠
用從君王

弭仲固
音王賓

伯庶父簋　伯庶父乍（作）王
姑凡姜尊簋

虢姜簋
隹王四年

己酉簋
隹王十祀劦日

豐乍父丁簋
王曰

師毛父簋
王各于大室

戠簋蓋
王各于大室

戠簋蓋
王曰

戠簋蓋
對揚王休

害簋一
王才（在）屖宮

害簋一
王册命害曰

害簋一
對揚王休命

害簋二
王才（在）屖宮

害簋二
王册命害曰

害簋二
對揚王休命

害簋三
王才（在）屖宮

害簋三
王册命害曰

害簋三
對揚王休命

鄸簋蓋
王才（在）周卲宮

鄸簋蓋
王各于宣射

鄸簋蓋
王乎（呼）内史册命鄸

鄸簋蓋
王曰

鄸簋蓋
昔先王既命女（汝）作邑

鄸簋
王才（在）周卲宮

鄸簋
王各于宣射

鄸簋
王乎（呼）内史册命鄸

鄸簋
王曰

鄸簋
昔先王既命汝乍（作）邑

師猷簋
唯王元年正月初吉丁亥

敔簋
唯王十月

敔簋
王才（在）成周

敔簋　王令敔追御（襲）于
上洛炂谷

敔簋
唯王十又一月

敔簋
王各于成周大廟

敔簋
王蔑敔曆

蔡簋
王才（在）減应

| | | |
|---|---|---|
| 蔡簋　王各廟 | 蔡簋　王乎（呼）史□册令蔡 | 蔡簋　王若曰 |
| 蔡簋　昔先王既令女（汝）乍（作）宰 | 蔡簋　𤔲王家 | 蔡簋　□𤔲王家外内 |
| 師訇簋　王若曰 | 師訇簋　緟女（汝）乃聖祖考克及右先王 | 師訇簋　王曰 |
| 師訇簋　古（故）亡承于先王 | 師訇簋　隹王身厚□ | 師訇簋　王各于大室 |
| 牧簋　隹王七年十又三月既生霸甲寅 | 牧簋　王才（在）周 | 牧簋　王呼内史吴册令牧 |
| 牧簋　王若曰 | 牧簋　昔先王既令女（汝）乍（作）𤔲士 | 牧簋　不用先王乍（作）井（刑） |
| 牧簋　王曰 | 牧簋　王乍（作）明井（刑）用 | 塱盨　王曰 |
| 伯克壺　伯克敢對揚天右王伯友 | 㚇卣器　王易（賜）㚇貝朋 | 巂卣蓋　王賜巂□貝 |
| 巂卣蓋　隹王九祀劦日 | 巂卣器　王易（賜）巂□貝 | 巂卣器　隹王九祀劦日 |
| 中觶蓋　王大省公族于庚 | 中觶蓋　王易（賜）中馬自□侯四□ | 中觶蓋　王曰 |

中觶蓋
中對王休

中觶器
王曰

何簋
王才（在）華宮

叔弓鎛
隹王五月

叔弓鐘一
隹王五月辰在（才）戊寅

楚王□章鐘
隹王五十又六祀

楚王酓章鐘　楚王酓章乍（作）曾医乙宗彝

楚王鐘
楚王賸邛仲嬭南龢鐘

何簋　王易（賜）何赤市、朱亢、䜌旂

樊卣
王初饔旁

樊卣
王畬（飲）西宮

王伯鼎

周公鼎

唯叔鼎
唯叔從王南征

㾓鼎
王在（才）豐

㾓鼎
王乎（呼）虢叔召㾓

豐鼎
王逆于乍（作）册般新宗

豐鼎
王商（賞）乍（作）册豐貝

中鼎
王在（才）寒𩰬

中鼎
王令大史兄（貺）褔土

中鼎
王曰

南宮中鼎一
王令中先省南國貫行

麦鼎
王在（才）成周

麦鼎
王逆于楚麓

麦鼎
對揚王休

師秦宮鼎
王各于享廟

微䜌鼎
王在（才）宗周

微䜌鼎
王命微䜌𧊒嗣九陂

寰鼎
史𠑇受王令書

友史鼎
王令寢農省北田四品

# 皇

中觶　中對王休

仲[illegible]父鼎　隹王五月初吉丁亥

散季簋　隹王四年八月初吉丁亥

豐乍（作）父丁簋　隹王六祀肜日

中鼎　中對王休令（命）

牧簋　敢對揚王不（丕）顯休

師毛父簋　對揚王休

王子吳鼎　王子吳擇其吉金

中鼎　易（賜）于武王乍（作）臣

正考父鼎　正考父乍（作）文王寶尊鼎

散季簋　散季肇乍（作）朕王母叔姜寶簋

師訇簋　率以乃友干（斁）吾王身

戉王者旨於賜鐘　戉王者旨於易（賜）擇𠦪吉金

瘨鼎　用乍（作）皇祖文考盂鼎

雝公諴鼎　用追享考于皇祖考

微䜌鼎　䜌乍（作）朕皇考𪒠彝尊鼎

寰鼎　用乍（作）朕皇考奠伯姬尊鼎

伯椃簋一　伯椃虘肇乍（作）皇考剌公尊簋

鄦簋　鄦用乍（作）朕皇考龔伯尊簋

師𩛥簋　敢對揚皇君休

師訇簋　亦則䵼皇帝亡（無）斁

孟皇父匜　孟皇父乍（作）旅匜

史伯碩父鼎　史伯碩父追考于朕皇考釐中王女泉女尊鼎

史顯鼎　史顯乍（作）朕皇考釐中王母泉女尊鼎

微䜌鼎　䜌用享孝于朕皇考

伯椃簋二　伯椃虘肇乍（作）皇考剌公尊簋

巽簋　皇祖益公

巽簋　皇考

虢姜簋蓋
用禋追孝于皇考叀中

鄦簋蓋　鄦用乍（作）朕皇考
龏伯尊簋

牧簋　用乍（作）朕皇文考
益伯寶尊簋

走鐘一　走乍（作）朕皇考祖
文考寶龢鐘

走鐘二　乍（作）朕皇考祖文
考寶龢鐘

走鐘三　走乍（作）朕皇考祖
文考寶龢鐘

走鐘四　走乍（作）朕皇考祖
文考寶龢鐘

走鐘五　走乍（作）朕皇考祖
文考寶龢鐘

秦公鐘
不（丕）顯朕皇祖

叔弓鎛
用享于其皇祖

叔弓鎛
皇妣

叔弓鎛
皇母

叔弓鎛
皇考

叔弓鐘二　弗敢不對揚朕辟
皇君之錫休命

叔弓鐘六
用享于其皇祖

叔弓鐘六
皇妣

叔弓鐘六
皇母

叔弓鐘六
皇考

叔弓鐘六
不（丕）顯皇祖

叔弓鎛　弗敢不對揚朕辟皇
君之易（錫）休命

叔弓鎛
不（丕）顯皇祖

## 【玉部】

伯玉盉
伯玉𢼸作寶盉

敔簋
𫹗敔圭瓚𠂤貝五十朋

## 琱

寰鼎　戈琱戫耶必（柲）彤沙（綏）

害簋一　易（賜）戈琱戫彤沙（綏）

害簋二　易（賜）戈琱戫彤沙（綏）

害簋三　易（賜）戈琱戫彤沙（綏）

## 靈

叔弓鎛　敗（敗）氒靈師

叔弓鎛　靈力若虎

叔弓鎛　曰武靈成子=孫=羕（永）保用享

叔弓鐘五　敗（敗）氒靈師

叔弓鐘五　靈力若虎

叔弓鐘五　又（有）共于箔武靈公之所

叔弓鐘七　曰武靈成子孫永保用享

**【玨部】**

## 班

敔簋　至于伊班

**【气部】**

## 气

雝公諴鼎　隸變作乞　用乞（气）沫壽

**【士部】**

# 士

牧簋
昔先王既令女（汝）作嗣士

秦公鐘
咸畜百辟胤士

## 【丨部】

# 中

中鼎

大中作父丁卣

南宮中鼎一
王令中先省南國貫行

南宮中鼎一
中評（呼）歸生鳳于王

中甗
王令中先省南國貫行

中甗
中省自方昇□邦

中觶
王易（賜）中馬自𨫿侯四𩡧

中觶
中對王休

南宮中鼎二
王令中先省南國貫行

鄦子鐘一
中韛（韡）䖒鴋

鄦子鐘二
中韛（韡）䖒鴋

南宮中鼎二
中評歸生鳳于王

叔弓鎛
中尃盟（明）刑

叔弓鐘三
中尃盟（明）刑

叔弓鎛
慎中䪝罰

叔弓鐘二
慎中䪝罰

牧簋
毋敢不明不中不井（刑）

牧簋
毋敢不尹□不中不井（刑）

牧簋
不井（刑）不中

中觶蓋
王易（賜）中馬自𨫿侯四𩡧

㦰簋蓋
立中廷

鄦簋蓋
立中廷

鄦簋
立中廷

蔡簋
立中廷

牧簋
立中廷

中鼎
中對王休令（命）

## 【屮部】

# 屯

微䜌鼎
用賜康勵魯休屯（純）右（祐）沫壽

虢姜簋蓋
祈匄康𧶠屯（純）右（祐）

秦公鐘
以受屯（純）魯多釐

叔弓鎛
余用登屯（純）厚乃命

叔弓鎛
其萬福屯（純）魯

叔弓鐘三
余用登屯（純）厚乃命

叔弓鐘六
其萬福屯（純）魯

寰鼎
玄衣黹屯（純）

害簋一
玄衣黹屯（純）

害簋二
玄衣黹屯（純）

害簋三
玄衣黹屯（純）

楚公鐘
□朩屯（純）

師訇簋
卿（向）女（汝）及屯（純）衃周邦

# 每

晉姜鼎　孳乳爲敏
每（敏）揚氒光剌（烈）

# 熏

牧簋
虎冟熏裏

塱盨
虎冟熏裏

## 【艸部】

## 蔡

蔡生鼎　□蔡生□乍（作）其鼎

蔡簋　宰舀入右蔡

蔡簋　王乎（呼）史□册命蔡

蔡簋　蔡

蔡簋　毋非先告蔡

蔡簋　蔡拜手䭫首

蔡簋　蔡其萬年沬壽

## 若

師𠭰簋　伯龢父若曰

蔡簋　王若曰

師訇簋　王若曰

牧簋　王若曰

叔弓鎛　靈力若虎

叔弓鐘五　靈力若虎

叔弓鐘六　卑若鐘鼓

叔弓鎛　卑若鐘鼓

## 春

戉王者旨於賜鐘　隹正月甬（仲）春

## ※莀

友史鼎　王令寢莀省北田四品

## ※⿱艹戠

敔簋　長榜⿱艹戠首百

## 【茻部】

莫 莽

戉王者旨於賜鐘

夙莫不貣（忒）

齊莽史喜鼎

齊莽史喜乍（作）寶鼎

# 卷二

## 【小部】

夌鼎
令小臣夌先省楚应

夌鼎　小臣夌易（賜）貝易（賜）馬兩

害簋一
官嗣尸僕小射底

害簋二
官嗣尸僕小射底

害簋三
官嗣尸僕小射底

師𩛥簋
女（汝）有隹小子

師訇簋
妥（綏）立余小子

中甗
余令（汝）史（使）小大邦

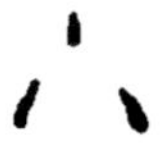

中甗　氒又舍女（汝）量
至于女庸小多

師訇簋　今余隹䌳豪乃令=
女（汝）叀雝我邦小大猷

叔弓鎛　用少爲小
伊小臣隹楠（輔）

叔弓鐘五
伊小臣隹楠（輔）

叔弓鐘三
毋曰余小子

叔弓鐘五
是小心龏躋

## 【八部】

𠦪叔鼎
隹八月

散季簋
隹王四年八月初吉丁亥

楚公鐘
隹八月甲申

# 曾 尚 家 公

史伯碩父鼎 隹六年八月初吉己巳

寰鼎 隹廿又八年五月既望庚寅

楚王酓章鐘 楚王酓章乍（作）曾医乙宗彝

楚王酓章編鐘 乍（作）曾侯乙宗彝

曾師盤 曾師季䣄用其吉金

中鼎 隹臣尚中臣

召仲考父壺 子=孫=永寶是尚

晉姜鼎 虔不家（墜）

秦公鐘 不家在上

叔弓鎛 女（汝）不家夙夜

叔弓鐘一 女（汝）不家夙夜

陳劍釋此字爲彖

宋公䜌鼎

周公鼎

乙公鼎

厚趠方鼎 厚趠又償于𣶃公

雝公諴鼎 下鄀雝公諴乍（作）尊鼎

内公匠 内公乍（作）鑄寶匠

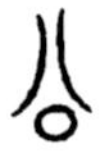
伯椃簋一 伯椃虘肇乍（作）皇考剌公尊簋

伯椃簋二 伯椃虘肇乍（作）皇考剌公尊簋

〓公鋪 〓公乍（作）杜嬬尊鋪

𢦏簋蓋 穆公入右𢦏

敔簋 武公入右敔

㠱公壺 㠱公乍（作）爲子叔姜□盥壺

㬎簋 㬎乍（作）皇祖益公文公武伯皇考龏伯𣄨彝

㬎簋 文公

牧簋 公⺈組入右牧

姬寏母豆
大公

姬寏母豆
亯公

姬寏母豆
孝公

姬寏母豆
静公

中觶蓋
王大省公族于庚

中觶器
王大省公族于庚

甹鐘　公令（命）宰僕易（賜）甹金十匀（鈞）

楚公鐘
[illegible]公逆其萬年壽

楚公鐘
楚公逆自作大雷鎛

秦公鐘
秦公曰

宋公鐘一
宋公戌之諆鐘

宋公鐘二
宋公戌之諆鐘

宋公鐘三
宋公戌之諆鐘

宋公鐘四
宋公戌之諆鐘

宋公鐘五
宋公戌之諆鐘

宋公鐘六
宋公戌之諆鐘

叔弓鎛
公曰

叔弓鎛
公曰

叔弓鎛
不（丕）顯穆公之孫

叔弓鎛
女（汝）雁（膺）鬲公家

叔弓鎛
女（汝）台（以）尃戒公家

叔弓鎛　雁（應）受君公之易（錫）光

① 叔弓鎛　其配襄公①之妣而鍼公之女

② 叔弓鎛　其配襄公之妣而鍼公②之女

叔弓鎛
又（有）共于公所

叔弓鐘五
箮武霝公易（賜）弓吉金

叔弓鎛
公曰

叔弓鐘一
公曰

叔弓鐘二
公曰

叔弓鐘二
女（汝）雁（膺）鬲公家

# 余　必

叔弓鐘三　公曰

叔弓鐘三　台（以）尃戒公家

叔弓鐘四　雁（應）受君公之易（錫）光

叔弓鐘五　不（丕）顯穆公之孫

①

叔弓鐘五　其配襄公①之妣而鹹公之女

②

叔弓鐘五　其配襄公之妣而鹹公②之女

叔弓鐘五　又（有）共于箮武靈公之所

寰鼎　戈琱戚耶必（柲）彤沙（綏）

師獸簋　易（賜）汝戈琱戚厚必（柲）彤屖

晉姜鼎　余隹司（嗣）朕先姑君晉邦

晉姜鼎　余不叚（暇）妄（荒）寧

中甗　余令女（汝）使小大邦

𨚔簋蓋　今余隹䵼稾乃令

蔡簋　今余隹䵼稾乃令

師獸簋　余令女（汝）死我家

師訇簋　妥（綏）立余小子

師訇簋　今余隹䵼稾乃令

𨚔簋　今余隹䵼稾乃命

塱盨　迺作余一人[illegible]

中甗　肄肩又羞余□

牧簋　今余隹或𣪕改

牧簋　今余隹䵼稾乃命

牧簋　余□四匹

秦公鐘　余雖小子

叔弓鎛　余經乃先祖

叔弓鎛　余既尃乃心

叔弓鎛 余命女（汝）嗣辪釐邑遚或徒四千

叔弓鎛 左右余一人

叔弓鎛 余命女（汝）裁差卿

叔弓鎛 膺卹余于盟卹

叔弓鎛 余引猒乃心

叔弓鎛 余命女（汝）政于朕三軍

叔弓鎛 余用登屯（純）厚乃命

叔弓鎛 毋曰余小子

叔弓鎛 余易（賜）女（汝）釐都脊劇

叔弓鎛 余易（賜）女（汝）車馬戎兵

叔弓鎛 女（汝）台（以）卹余朕身

叔弓鎛 女（汝）尃余于艱卹

叔弓鎛 余弗敢灋（廢）乃命

叔弓鐘一 余經乃先祖

叔弓鐘一 余既尃乃心

叔弓鐘一 余引猒乃心

叔弓鐘一 余命女（汝）政于朕三軍

叔弓鐘二 余易（賜）女（汝）釐都脊劇

叔弓鐘二 余命女（汝）嗣辪釐邑遚或徒四千

叔弓鐘三 余用登屯（純）厚乃命

叔弓鐘三 毋曰余小子

叔弓鐘三 女（汝）尃余于艰卹

叔弓鐘三 左右余一人

叔弓鐘三 余命女（汝）裁差正卿

叔弓鐘三 膺卹余于盟卹

叔弓鐘四 女（汝）台（以）卹余朕身

叔弓鐘四 余易（賜）女（汝）車馬戎兵

叔弓鐘四 余弗敢灋（廢）乃命

戉王者旨於賜鐘 余子孫

告　嗌　乎　名　吾　君

## 【告部】

### 告

敔簋
告禽：馘百、訊卌

蔡簋
氒非先告蔡

蔡簋
告女（汝）

## 【口部】

### 嗌

嗌鼎

### 乎

㾓鼎　乎字重見
王乎（呼）號叔召㾓

### 名

秦公鐘
氒名曰𣄰邦

### 吾

師訇簋　率以乃友干（敦）吾（御）王身

### 君

卑𠂤君鼎

宋君夫人鼎

君季鼎

晉姜鼎
余隹司（嗣）朕先姑君晉邦

晉姜鼎
用康⿰鬲夒妥懷遠⿰埶凡君子

叔邦父簠
用從君王

師獸簋
敢對揚皇君休

敔簋
復付氒君

塱甗
卑（俾）復虐逐氒君氒師

# 命

叔弓鎛　弗敢不對揚朕辟皇君之易（錫）休命

叔弓鎛　雁（應）受君公之易（錫）光

叔弓鐘二　弗敢不對揚朕辟皇君之易（錫）休命

叔弓鐘四　雁（應）受君公之易（錫）光

中鼎　不从口　令字重見　王令大史貺褔土

師毛父簋　內史□册命

害簋一　王册命害曰

害簋一　對揚王休命

害簋二　王册命害曰

害簋二　對揚王休命

害簋三　王册命害曰

害簋三　對揚王休命

鄦簋蓋　王乎（呼）內史册命鄦

鄦簋蓋　昔先王既命女（汝）作邑

鄦簋蓋　今余隹䕅亯乃命

鄦簋蓋　敢對揚天子休命

鄦簋　王乎（呼）內史册命鄦

鄦簋　昔先王既命女（汝）作邑

鄦簋　今余隹䕅亯乃命

鄦簋　敢對揚天子休命

牧簋　今余隹䕅亯乃命

姬寏母豆　永命多福

𡐓盨　毋行正命

𡐓盨　敬夙夕勿灋朕命

秦公鐘　受天命

秦公鐘　嚴龏夤天命

叔弓鎛　余命女（汝）裁差（左）卿

叔弓鎛　女（汝）敬共辝命

叔弓鎛 弗敢不對揚朕辟皇君之易（錫）休命

叔弓鎛 余命女（汝）嗣辝釐邑遚或徒四千

叔弓鎛 余用登屯（純）厚乃命

叔弓鎛 余命女（汝）裁差卿

叔弓鎛 䡎命于外内之事

叔弓鎛 余弗敢灋（廢）乃命

叔弓鎛 塼受天命

叔弓鎛 霝命難老

叔弓鐘一 余命女（汝）政于朕三軍

叔弓鐘二 女（汝）敬共辝命

叔弓鐘二 余命女（汝）嗣辝釐邑遚或徒四千

叔弓鐘二 弗敢不對揚朕辟皇君之易（錫）休命

叔弓鐘三 余用登屯（純）厚乃命

叔弓鐘三 余命女（汝）裁差正卿

叔弓鐘三 䡎命于外内之事

叔弓鐘四 余弗敢灋（廢）乃命

叔弓鐘四 塼受天命

叔弓鐘六 霝命难老

何簋 對揚天子魯命

# 召

癲鼎 王乎（呼）虢叔召癲

召父簋 召父作氒□寶彝

召仲考父壺 召仲考父自作壺

牧簋 今𩁹司匐氒辠召故

晉姜鼎 用召匹辝辟

己酉簋 戍𠦪尊宜于召

師訇簋 用夾召氒辟

召作父丁爵 召作父丁尊彝

## 唯

隹叔鼎 不从口 隹字重見
隹八月

隹叔鼎
唯歸

尹卣
唯還

㙯盨
則唯輔天降喪

㙯盨
不卂唯死

牧簋
今余唯或㲋改

仲㪽父鼎
唯王五月初吉丁亥

## 台

叔弓鎛
女（汝）台（以）専戒公家

叔弓鎛
女（汝）台（以）卹余朕身

叔弓鎛 女（汝）台（以）戒
戎乍（作）

叔弓鐘三
台（以）専戒公家

叔弓鐘四
女（汝）台（以）卹余朕身

叔弓鐘四 女（汝）台（以）
戒戎乍（作）

## 咸

咸妣癸尊

伯咸父鼎

秦公鐘
咸畜百辟胤士

尹卣
咸釐

叔弓鎛
咸有九州

叔弓鐘五
咸有九州

## 右

宋□□右鼎

微䜌鼎
屯（純）右（佑）沫壽

虢姜簋
祈匃康𩍂屯（純）右（佑）

寰鼎
宰頵右寰

師毛父簋
井伯右

𢦏簋蓋
穆公入右𢦏

害簋三
宰犀父右害立

害簋三
宰犀父右害立

害簋三
宰犀父右害立

# 吉

鄦簋蓋
右祝鄦

鄦簋
右祝鄦

敔簋
武公入右敔

蔡簋
宰舀入右蔡

牧簋
公族組入右牧

牧簋
𢦚訊庶右粦

牧簋
雩乃訊庶右粦

師訇簋
克及右先王　肄女（汝）乃聖祖考

師訇簋
榮內右訇

叔弓鎛
左右毋諱

叔弓鎛
左右余一人

叔弓鎛
齊医左右

叔弓鐘一
左右毋諱

叔弓鐘三
左右余一人

叔弓鐘七
齊医左右

何簋
乎（呼）虢中（仲）入右何

仲𢓊父鼎
隹王五月初吉丁亥

王子吴鼎
隹正月初吉丁亥

史伯碩父鼎
隹六年八月初吉己巳

正考父鼎
隹四月初吉

史[illegible]父甗
隹六月初吉

散季簋
隹王四年八月初吉丁亥

秦簋
六月初吉癸卯

害簋一
隹四月初吉

害簋二
隹四月初吉

害簋三
隹四月初吉

鄦簋蓋
隹二年正月初吉

鄦簋
隹二年正月初吉

# 周

大夫始鼎
隹三月初吉甲寅

師䚄簋
隹王元年正月初吉丁亥

伯戔盤
隹正月初吉丁亥

召仲考父壺
隹六月初吉丁亥

鄦子鐘一
隹正月初吉丁亥

鄦子鐘二
隹正月初吉丁亥

楚王鐘
隹正月初吉丁亥

何簋
隹三月初吉庚午

王子吳鼎
王子吳擇其吉金

晉姜鼎
䵼取氒吉金

黃季舟
黃季之季□用其吉金

仲盉
仲者友用其吉金

鄦子鐘二
鄦子盬𠂤羿其吉金

叔弓鎛
䟒（選）擇吉金

叔弓鐘五
篖武霝公昜（賜）弓吉金

鼎一 倒書
隹用吉金

鼎二
隹用吉金

甗
隹用吉金

戉王者旨於賜鐘
吉日丁亥

戉王者旨於賜鐘
戉王者旨於賜擇氒吉金

周公鼎

伯郤父鼎
乍（作）周姬寶尊鼎

伯百父簋
伯百父乍（作）周姜寶簋

厚趠方鼎
隹王來各于成周年

夌鼎
王才（在）成周

微䜌鼎
王才（在）宗周

寰鼎
王才（在）周康穆宮

鄸簋蓋
王才（在）周卲宮

鄸簋
王才（在）周卲宮

## 唐

敔簋
王才（在）成周

敔簋
王各于成周大廟

牧簋
王才（在）周

㚸卣
才（在）周

師訇簋 卿（嚮）女（汝）及
乂䘏周邦

師訇簋
臨保我氒周

叔弓鎛
虘=成唐

叔弓鐘四
虘=成唐

## 各

蔡簋 令女（汝）眔曰䡯疋
（胥）對各

厚趠方鼎
隹王來各于成周年

師秦宮鼎
王各于享廟

寰鼎
王各大室

㦰簋蓋
王各于大室

鄦簋
王各于宣射

鄦簋蓋
王各于宣射

蔡簋
王各廟

師訇簋
王各于大室

牧簋
各大室

師毛父簋
王各于大室

敔簋
王各于成周大廟

## 哀

師訇簋
哀才（哉）

## ※時

楚王酓章鐘
其永時用享

楚王酓章編鐘
其永時用享

## 咢※

叔弓鎛
截咢=

叔弓鐘六
截=咢=

## 【吅部】

## 嚴

秦公鐘
嚴龏夤天命

## 噩

噩□□尊
噩□□作寶尊

## 單

單爵

單□觚

作從單尊

單□簋
單□乍（作）從彝

單□鼎一

單□鼎二

單□甗
單□乍（作）從彝

單□簋
單□乍（作）從彝

單冥生豆
單冥生乍（作）羞豆

單□盉蓋
單□乍（作）從彝

單□盉
單□從彝

文考日癸卣
單□

## 【哭部】

## 喪

師訇簋
今日天疾畏降喪

塱甗
則隹輔天降喪

# 【走部】

## 走

戩簋蓋
楚走馬从辵

走鐘一 走乍（作）朕皇祖文
考寶龢鐘

走鐘三 走乍（作）朕皇祖文
考寶龢鐘

走鐘四 走乍（作）朕皇祖文
考寶龢鐘

走鐘五 走乍（作）朕皇祖文
考寶龢鐘

走鐘一
走其萬年子〓孫永寶用享

走鐘三
走其萬年子〓孫永寶用享

走鐘四
走其萬年子〓孫〓永寶用享

走鐘五
走其萬年子〓孫〓永寶用享

## 趠

厚趠方鼎
厚趠又償于濂公

厚趠方鼎 趠用乍（作）𠂤文
考父辛宝尊齋

## ⿺走亘※

秦公鐘
虔夙夕剌〓⿺走亘〓

戎⿺走亘鐘
戎⿺走亘右鼓

## ⿺走亟※

鄦子鐘一
敳〓⿺走亟〓

## ⿺走盍※

秦公鐘
⿺走盍〓文武

# 【止部】

## 止

蔡簋 勿事（使）敢又（有）
疾止從獄

## 歸

琟叔鼎
唯歸不从止

南宮中鼎一
中訏（呼）歸生鳳于王

南宮中鼎二
中訏（呼）歸生鳳于王

### 【癶部】

## 登

叔弓鎛
余用登屯（純）厚乃命

叔弓鐘三
余用登屯（純）厚乃命

### 【正部】

## 正

王子吴鼎
隹正月初吉丁亥

無子鐘一
隹正月初吉丁亥

無子鐘二
隹正月初吉丁亥

鄦簋蓋
隹二年正月初吉

鄦簋
隹二年正月初吉

師訊簋
隹王元年正月初吉丁亥

楚王鐘
隹正月初吉丁亥

奚鼎
正月

𢦏簋蓋
隹正月乙巳

魯正叔盤　魯正叔之[illegible]乍（作）鑄其御[illegible]

弭仲簠
用卿（饗）大正

塱盨
雩邦人正人師氏人

塱盨
𠂤行正命

叔弓鐘三
余命女（汝）裁差正卿

正考父鼎
正考父乍（作）文王寶尊鼎

戉王者旨於賜鐘
隹正月甬（仲）春

## 是

晉姜鼎 三壽是利

秦公鐘 萬生（姓）是敕

召仲考父壺 子=孫=永寶是尚

叔弓鎛 是辟于齊侯之所

叔弓鐘五 是辟于齊侯之所

叔弓鎛 是小心龔躋

## 【辵部】

## 徒

伯郤父鼎 晉𤔲徒伯郤父

引觥 樂大𤔲徒子𠂤之子引

叔弓鎛 𢿢龢三軍徒旟

叔弓鐘一 𢿢龢三軍徒旟

叔弓鎛 余命女（汝）𤔲辝釐邑遷或徒四千

叔弓鐘二 余命女（汝）𤔲辝釐邑遷或徒四千

## 征

隹叔鼎 隹叔從王南征

晉姜鼎 征緐汤

叔夜鼎 以征以行

叔邦父匿 用征用行

## 遘

豐作父丁簋 遘于武乙肜日

文考日癸卣 其以父癸夙夕卿（饗）爾百婚遘

## 返

楚王□章鐘 返自西旛

## 進

塱盨 又（有）進退

# 造　逆　通　還　遺　遲　達　　追

造

聿造鬲
聿造作尊鬲

逆

楚公鐘
楚公逆自作大雷鎛

楚公鐘
[illegible]公逆其萬年壽

通

晉姜鼎
卑貫通弘从彳

虢姜簋蓋　祈匄康[illegible]純右（佑）通录（祿）永令

還

[illegible]卣
唯還

遺

夌鼎
無遺

晉姜鼎
嘉遺我

遲

遲父鐘
遲父乍（作）姬齊姜龢薔鐘

達

廅父鼎一
毋又達汝

廅父鼎一
□又達汝

叔弓鎛
達而䋻剌

叔弓鐘六
達而䋻剌

追

雝公諴鼎
用追享考于皇祖考

史顯鼎
用追享孝

史伯碩父鼎　追考于朕皇考
釐中王母泉女尊鼎

虢姜簋蓋
用禪追孝于皇考叀中

敔簋　王令敔追御（襲）于
上洛㷔谷

## 逐

塱盨
阜（俾）復虘逐氒君氒師

## 遠

晉姜鼎
用康𩟎妥懷遠𤔲君子

## 邍

應医簋
應医乍（作）姬邍母尊簋

## 道

塱盨
爰奪虘行道

## ※泌

娄鼎
王泌于楚麓

娄鼎
王至于泌应

豐鼎
王泌于乍（作）册般新宗

## ※遱

叔弓鎛　余命女（汝）𤔲辝釐
邑遱或徒四千

叔弓鐘二　余命女（汝）𤔲辝
釐邑遱或徒四千

## ※遱

敔簋
南淮尸遱殳

## 【彳部】

## 德

晉姜鼎
巠雝明德

晉姜鼎
用享用德

師艅尊
艅則對揚氒德

秦公鐘
穆=帥秉明德

叔弓鎛
箭成朕師旟之政德

叔弓鐘一
箭成朕師旟之政德

# 徃※ 御※ 御 律 得 後 退 復

師訇簋
首德不克妻

師湌鼎
湌則對揚氒德

敔簋
復付氒君

塱盨
卑（俾）復虐逐氒君、氒師

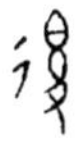

塱盨
又（有）進退

伯克壺　用乍（作）朕穆考後
仲尊𩫖

得鼎

己酉簋
黹九律黹

魯正叔盤　魯正叔之[illegible]乍
（作）鑄其御[illegible]

師訊簋　𨍭𠭰我西扁東扁僕
馭百工牧臣妾

敔簋　王令敔追御（襲）于
上洛煜谷

㝬父鼎一
徃令曰

秦簋
伊[illegible]徃于辛史

**【行部】**

# 行

叔夜鼎 以征以行

叔邦父匡 用征用行

南宮中鼎一 王令中先省南國貫行

南宮中鼎二 王令中先省南國貫行

中甗 王令中先省南國貫行

塱盨 爰奪虘行道

塱盨 㲋行正命

叔弓鎛 雩㲋行師

叔弓鐘二 雩㲋行師

叔弓鎛 女（汝）嬰勞朕行師

叔弓鐘二 女（汝）嬰勞朕行師

## 【廴部】

# 廷

寰鼎 立中廷

㦰簋蓋 立中廷

牧簋 立中廷

蔡簋 立中廷

鄦簋蓋 立中廷

鄦簋 立中廷

秦公鐘 鍄静不廷

## 【疋部】

# 疋

蔡簋 令女（汝）眔曰䡎疋（胥）對各

# 蹐 品 龢

## 【足部】

叔弓鎛　是小心龏蹐从辵

叔弓鐘五　是小心龏蹐

## 【品部】

友史鼎　王令寢蔑省北田四品

## 【龠部】

師酞簋　伯龢父若曰

走鐘一　走乍（作）朕皇祖文考寶龢鐘

走鐘二　走乍（作）朕皇祖文考寶龢鐘

走鐘三　走乍（作）朕皇祖文考寶龢鐘

走鐘四　走乍（作）朕皇祖文考寶龢鐘

走鐘五　走乍（作）朕皇祖文考寶龢鐘

鄦子鐘一　穆龢鐘

鄦子鐘二　穆龢鐘

楚王鐘　楚王賸邛仲嬭南龢鐘

遲父鐘　遲父乍（作）姬齊姜龢薔鐘

秦公鐘　協龢萬民

秦公鐘　乍（作）盄龢□

叔弓鎛　勠龢三军徒旃

叔弓鐘一　勠龢三军徒旃

叔弓鎛　龢猷（协）而又事

## ⿰龠力

叔弓鐘六　龢⿰龠犬（協）而又事

大夫始鼎　王在龢宮

師訇簋　盩龢雩政

微䜌鼎　用易（賜）康⿰龠力魯休

## 【冊部】

## 冊

豐鼎　王遊于作冊般新宗

豐鼎　王商（賞）作冊豐貝

寰鼎　王乎（呼）史減冊易（賜）寰

友史鼎　作冊友史易（賜）賣貝

師毛父簋　内史□冊命

害簋一　王冊命害曰

害簋二　王冊命害曰

害簋三　王冊命害曰

鄦簋　王乎（呼）内史冊命鄦

鄦簋蓋　王乎（呼）内史冊命鄦

蔡簋　王乎（呼）史𡘇冊令蔡

牧簋　王乎（呼）内史吴冊令牧

冊卣

冊卣蓋

祖丁卣

祖丁卣蓋

𠙵冊父乙尊

## 扁

師𠭰簋　䩵嗣我西扁①，東扁

師𠭰簋　䩵嗣我西扁，東扁②

僕馭百工牧臣妾

僕馭百工牧臣妾

干 商 古 嘏

# 卷三

## 【干部】

師訇簋 率以乃友干（敦）吾
王身孶乳爲敦

師馭簋
干無鍚

牧簋
乃干政事

## 【㕯部】

豐鼎 王商（賞）作册豐貝
孶乳爲賞

己酉簋
商（賞）貝十朋

豐作父丁簋
商（賞）貝

楚王酓章鐘

楚王酓章鐘

## 【古部】

古作父丁簋
古作父丁寶尊彝

稽卣蓋
稽從師淮父戍于古自

稽卣
稽從師淮父戍于古自

師訇簋 孶乳爲故
古（故）亡承于先王

寰鼎 不从古 叚字重見 敢
對揚天子丕顯叚（嘏）休令

十

## 【十部】

中鼎 隹十又三月庚寅

雝公諴鼎 隹十又四月既死霸壬午

己酉簋 隹王十祀劦日

敔簋 隹王十月

敔簋 隹王十又一月

敔簋 于早五十田

牧簋 隹王七年十又三月既生霸甲寅

伯克壺 隹十又六年七月既生霸乙未

文𩰫觥器 才（在）十月又三

楚王酓章鐘 隹王五十又六祀

𣄰卣 隹十又二月

敔簋 𢿨敔圭瓚、𢆶貝五十朋

敔簋 于敜五十田

𢍰鐘 公令宰僕易（賜）𢍰金十匀（鈞）

楚公鐘 十又二公

叔弓鎛 釐僕三百又五十家

叔弓鐘四 釐僕三百又五十家

千

晉姜鼎 易（賜）鹵責千兩

廿

微䜌鼎 隹王廿又三年九月

寰鼎 隹廿又八年五月既望庚寅

中甗 𠳵人𠬝廿夫

## 【卄部】

卅

伯克壺

伯大師易（賜）伯克僕卅夫

稱卣蓋

易（賜）貝卅寽



稱卣

易（賜）貝卅寽

卌

敔簋

執訊卌

敔簋

訊卌

## 【言部】

言

言鼎

仲言父簋蓋

仲言父乍（作）旅簋



中甗

孚貯𠂤言曰

誨

唯叔鼎

誨乍（作）寶鬲鼎

訊

敔簋

執訊卌

敔簋

訊卌

塱盨

迺敢㚔訊人

牧簋

孚訊庶右𡨦

牧簋

雩乃訊庶右𡨦

諱

叔弓鎛

左右毋諱

叔弓鐘一

左右毋諱

諫

諫乍（作）父己觶

亞肙諫乍（作）父己尊彝

諫

叔弓鎛

諫罰朕庶民

叔弓鐘一

諫罰朕庶民

## 誠

雝公誠鼎　下都雝公誠乍（作）尊鼎

## 䜌

宋公䜌鼎

微䜌鼎　王命微䜌䡅𤔲九陂

微䜌鼎　䜌乍（作）朕皇考𪔂彝尊鼎

微䜌鼎　䜌用享孝于朕皇考

微䜌鼎　䜌子=孫=永寶用享

寰鼎　𡥆乳爲鑾　鑾旂鋚勒

𢦏簋蓋　鑾旂

𨛭簋蓋　易（賜）汝赤巿、冋睘黃鑾旂

𨛭簋　易（賜）汝赤巿、冋睘黃鑾旂

何簋　王易（賜）何赤巿、朱亢、鑾旂

秦公鐘　虢吏䜌夏

## 訇

師訇簋　師訇

師訇簋　師訇

師訇簋　訇頴首

師訇簋　訇其萬由年子=孫=永寶

## 諆

王子吴鼎　其沫壽無諆

鄦子鐘一　萬年無諆

## 訶

宋公鐘一　宋公戌之訶鐘

宋公鐘二　宋公戌之訶鐘

宋公鐘三　宋公戌之訶鐘

宋公鐘四　宋公戌之訶鐘

宋公鐘五　宋公戌之訶鐘

宋公鐘六　宋公戌之訶鐘

⿰言戈※ 譜※ ⿰言聿※ 善 競 音 章

⿰言戈簋蓋 穆公入右⿰言戈

⿰言戈簋蓋 ⿰言戈

⿰言戈簋蓋 ⿰言戈拜韻首

晉姜鼎 ⿰言魯覃京自

敔簋 于熜衣⿰言聿

**【誩部】**

師⿰言犬簋 毋敢否善

蔡簋 女（汝）弗善效姜氏人

塱盨 善效乃友内⿸广辟

⿱林夫卣 尹其恆萬年受氒永魯 亡（無）競

**【音部】**

弭仲簠 音王賓

秦公鐘 其音戚（肅）

楚王酓章鐘 楚王酓章乍（作）曾侯乙宗彝

大夫始鼎 易（賜）章

**【辛部】**

# 妾

師𣪕簋
僕馭百工牧臣妾

# 對

## 【丵部】

中鼎
中對王休令（命）

夌鼎
對揚王休

師秦宮鼎
敢對揚天子丕顯休

寰鼎 敢對揚天子丕顯叚（嘏）休令

師毛父簋
對揚王休

師艅鼎
艅則對揚氒德

大夫始鼎
大夫始敢對揚天子休

師訇簋
敢對揚天子休

中觶蓋
中對王休

㦰簋蓋
對揚王休

鄦簋蓋
敢對揚天子休命

敔簋
敔敢對揚天子休

蔡簋 令女（汝）眔曰䝿疋（胥）對各

㚸卣
高對作父丙寶尊彝

鄦簋
敢對揚天子休命

害簋一 从廾
對揚王休命

害簋二
對揚王休命

害簋二
對揚王休命

蔡簋
敢對揚天子丕顯魯休

牧簋
敢對揚王丕顯休

塱盨
對揚天子丕顯魯休

稽卣蓋
對揚師淮父休

稽卣
對揚師淮父休

中觶
中對王休

# 僕

師艅尊
艅則對揚氒德

伯克壺
伯克敢對揚天右王伯友

何簋
對揚天子魯命

師獸簋
敢對揚皇君休

叔弓鎛　弗敢不對揚朕辟皇
君之易（錫）休命

叔弓鐘二　弗敢不對揚朕辟
皇君之易（錫）休命

## 【菐部】

害簋一
官𤔲尸僕小射底

害簋二
官𤔲尸僕小射底

害簋二
官𤔲尸僕小射底

師獸簋
僕馭百工牧臣妾

伯克壺
伯大師易（賜）伯克僕卅夫

叔弓鎛
釐僕三百又五十家

叔弓鐘四
釐僕三百又五十家

𬨎鐘　公令宰僕易（賜）𬨎金
十匀（鈞）

## 【収部】

# 廾

宋□□右鼎

# 奐

師奐父盨一
師奐父乍（作）旅須（盨）

師奐父盨二
師奐父乍（作）旅須（盨）

# 𢍰

王子吴鼎　𢍰與擇爲一字
王子吴擇其吉金

弭仲固
擇之金

鄦子鐘一
鄦子盟㠯𢍰其吉金

## 弇

鄦子鐘二 鄦子𥂴𠂤睪其吉金

叔弓鎛 斁（選）擇吉金

戉王者旨於賜鐘 戉王者旨於賜擇氒吉金

弭仲匿 弭仲弇壽

## 戒

豐乍（作）父丁簋 毋不戒

叔弓鎛 弓不敢弗憼戒

叔弓鎛 女（汝）台（以）戒戎乍（作）

叔弓鎛 女（汝）台（以）尃（戒）公家

叔弓鐘一 弓不敢弗憼戒

叔弓鐘三 台（以）尃（戒）公家

叔弓鐘四 女（汝）台（以）戒戎乍（作）

## 兵

叔弓鎛 余易（賜）女（汝）車馬戎兵

叔弓鐘四 余易（賜）女（汝）車馬戎兵

## 龏

㬤簋 㬤作皇祖益公文公武伯皇考龏伯𩰫彝

鄦簋蓋 鄦用乍（作）朕皇考龏伯尊簋

鄦簋 鄦用乍（作）朕皇考龏伯尊簋

秦公鐘 嚴龏夤天命

叔弓鎛 是小心龏𪘲

叔弓鐘五 是小心龏𪘲

## 具

弭仲匿 既具旨[illegible]

弭仲匿 者友[illegible]飤具[illegible]

## 屛※

中觶 屛旅

中觶蓋 屛旅

异※ 共 革 轉 勒 鞎

中甗
中省自方异[illegible]邦

《集成》釋爲登

## 【共部】

共

叔弓鎛
女（汝）敬共辝命

叔弓鎛
又（有）共于公所

叔弓鐘二
女（汝）敬共辝命

叔弓鐘五
又（有）共于䢼武靈公之所

## 【革部】

革

害簋一　孳乳爲勒
旂鋚勒

害簋二
旂鋚勒

害簋三
旂鋚勒

轉

塱盨
畫轉

勒

害簋一　不从力，革字重見
旂鋚勒

寰鼎
鑾旂鋚勒

塱盨
鋚勒

鞎

牧簋
朱虢𩏂鞎

塱盨
朱虢𩏂鞎

## 【鬲部】

# 鬲

隹叔鼎

乍（作）寶鬲鼎

帛女鬲

帛女乍（作）齋鬲

虢叔鬲一

虢叔乍（作）尊鬲

聿造鬲

聿造乍（作）尊鬲

虢叔鬲二

虢叔乍（作）叔殷敎尊鬲

京姜鬲

京姜[illegible]女乍（作）尊鬲

[illegible]鬲

[illegible]乍（作）尊鬲

叔弓鎛

女（汝）雁（應）鬲公家

叔弓鐘二

女（汝）雁（應）鬲公家

[illegible]鬲

[illegible]□乍（作）尊鬲

師□鬲

師□乍（作）寶鬲

## 【爪部】

# 孚

仲[illegible]父鼎　孳乳爲俘

敔簋

奪孚（俘）人四百

# 爲

晉姜鼎

乍（作）疐爲亟

曩公壺

曩公乍（作）爲子叔姜□盥壺

叔弓鐘二

爲女（汝）敵寮

叔弓鎛

爲女（汝）敵寮

叔弓鎛

爲大事

## 【丮部】

# 埶

何觶

何乍（作）埶[illegible]丁辛尊彝

晉姜鼎

用康𩟀妥懷遠埶君子

南宫中鼎一

埶王应

南宮中鼎一 訊于寶彝

南宮中鼎二 訊王应

南宮中鼎二 訊于寶彝

中甗 訊应

叔弓鎛 皋百斯男而䙎斯字

叔弓鐘七 皋百斯男而䙎斯字

師訇簋 訊乃事

## 【又部】

中鼎 隹十又三月庚寅

雝公誠鼎 隹十又四月既死霸壬午

微䜌鼎 隹王廿又三年九月

寰鼎 隹廿又八年五月既望庚寅

敔簋 隹王十又一月

㮚卣 隹十又二月

文𩵦觥 才（在）十月又三

叔弓鎛 釐僕三百又五十家

叔弓鐘四 釐僕三百又五十家

牧簋 隹王七年十又三月既生霸甲寅

伯克壺 隹十又六年七月既生霸乙未

楚王酓章鐘 隹王五十又六祀

㝔父鼎一 毋又達汝

中甗 毕又舍女（汝）𠬝量

中甗 𦺅肩又羞于□

都于子斯匡二 都于子斯又自作旅匡

秦公鐘 竈又下國

秦公鐘 十又二公

# 父

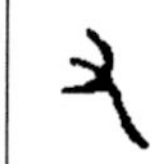
厚趠方鼎
厚趠又償于濂公

㝩父鼎二
□又達汝

叔弓鎛
龢獸而又事

秦公鐘
高引又慶

叔弓鎛
又敢（儆）才（在）帝所

叔弓鐘四
又敢（儆）才（在）帝所

師訇簋　假借爲有
乃祖考又（有）于我家

蔡簋
乎又（有）見

蔡簋
又（有）即令

蔡簋
毋敢又（有）入

蔡簋
勿使敢又（有）止

塱盨
又（有）進退

①
塱盨
又（有）①皐又（有）故

②
塱盨
又（有）皐又（有）②故

蔡簋
毋敢又（有）不聞

叔弓鎛
咸又（有）九州

叔弓鐘三　女（汝）康能乃有
事眔乃敵寮

叔弓鎛
又（有）共于公所

叔弓鐘五
又（有）共于公所

叔弓鎛　女（汝）康能乃又
（有）事眔乃敵寮

父甲鼎

褱父乙鼎

子父丁鼎

禾父己鼎

父癸鼎

父己鼎

亚虎父丁鼎

父丁鼎一

父丁鼎二

父癸鼎

父癸鼎

父癸鼎

□父辛鼎
□乍（作）父丁鼎

□父辛鼎
□乍（作）父丁鼎

子父舉鼎

單父乙鼎

伯咸父鼎

師𡪞父鼎

絲駒父鼎

伯鄀父鼎

父己鬲

父丁鬲

亞無壽作父己甗

父乙簋

戈父甲簋

爵父乙簋

父丁簋

父癸簋

父己簋一

父己簋二

爵亥父癸匜

父丁盉器

父丁盉蓋

父丁盉

父癸盉

爵父丁卣

末父丁卣蓋

末父丁卣

父癸卣

戈父己卣

辛父乙卣

父癸卣

父癸卣

箙貝父辛卣蓋

酉父己卣

父己卣蓋

父己卣

大中作父丁卣

父乙爵六

父壬爵

父爵

爵父乙爵

父戊丁爵

父丁爵

子父壬爵

舟父己爵

父丁爵

父辛爵

父己甗

子父乙甗

父戊丁爵

父庚爵

父己觶

木父己觶

戈父辛觶一

父癸觶

父庚觚

亞父乙觚

父丁爵

父癸爵

父庚爵

父乙爵一

□父癸尊

□冊父乙尊

父辛斝

父乙爵二

父乙爵四

父乙爵五

□父己爵

父癸爵

木子工父癸爵

戈父辛觶二

□父乙觶

□父丁斝

□父丁觥

父丁尊

鼎父丁尊

□父辛斝一

□父辛斝二

□父己斝

父乙爵三

□父丁爵

子乙父丁觚

父辛盤

仲□父鼎

□伯□及仲□父伐南淮尸

厚趠方鼎

趠用乍（作）氒文考父辛寶尊齍

豐鼎

用乍（作）父己寶□

中鼎

□父乙尊

仲酉父甗

仲酉父肈乍（作）甗

友史鼎
用乍（作）父乙尊

史伯碩父鼎
史伯碩父追考于朕皇考釐中王母泉女尊鼎

正考父鼎
正考父乍（作）文王寶尊鼎

座父鼎一
座父乍（作）[illegible]寶鼎

座父鼎一
座父乍（作）[illegible]寶鼎

秦簋
用乍（作）父□尊彝

[illegible]父癸鼎
[illegible]父癸乍（作）尊[illegible]

穆乍（作）父丁鼎
穆乍（作）父丁寶尊彝

叔姬鼎
[illegible]金父乍（作）叔姬寶尊鼎

亞牧父戊鬲
亞牧父戊

亞無壽乍（作）父己甗

伯盥父甗
伯盥父乍（作）旅獻（甗）

[illegible]乍（作）父癸鼎
[illegible]乍（作）父癸寶尊彝

史[illegible]父甗
史[illegible]父乍（作）旅甗

中甗
用乍（作）父乙寶彝

乍（作）父辛簋
乍（作）父辛彝

仲酉父簋蓋
仲酉父乍（作）旅簋

伯庶父簋
伯庶父乍（作）王姑凡姜尊簋

叔邦父匿
叔邦父乍（作）匿

仲□父鬲
仲□父乍（作）尊□

仲酉父甗
仲酉父肇乍（作）甗

仲言父簋蓋
仲言父乍（作）旅簋

乍（作）父乙簋
[illegible]乍（作）父乙彝

古乍（作）父丁簋
古乍（作）父丁寶尊彝

𩒨仲奠父簋
𩒨仲奠父乍（作）尊簋

[illegible]父簋
[illegible]父乍（作）姬獻賸簋

伯百父簋
伯百父乍（作）周姜寶簋

豐乍（作）父丁簋
用乍（作）父丁尊彝

叔倲孫父簋
叔倲孫父乍（作）孟姜尊簋

師毛父簋
師毛父即立（位）

害簋一
宰屖父右害立

害簋二
宰屖父右害立

害簋三
宰屖父右害立

師奐父盨一
師奐父乍（作）旅須（盨）

師奐父盨二
師奐父乍（作）旅須（盨）

叔良父盨
叔良父乍（作）旅盨

師猷簋
伯龢父若曰

牧簋
才（在）師汓父宮

孟皇父匜
孟皇父乍（作）旅匜

塱盨
乃父市

召仲考父壺
召仲考父自乍（作）壺

父丙卣蓋
[illegible][illegible]父丙

[illegible]乍（作）父己卣蓋
[illegible]乍（作）父己寶尊彝

[illegible]作父己卣
[illegible]乍（作）父己寶尊彝

敟乍（作）父辛卣器
敟乍（作）父辛旅彝

敟乍（作）父辛卣器
敟乍（作）父辛旅彝

[illegible]作父乙卣蓋
[illegible]乍（作）父乙寶彝

[illegible]乍（作）父乙卣
[illegible]乍（作）父乙寶彝

稽卣蓋
稽從師淮父戍于古𠂤

稽卣蓋
稽從師淮父戍于古𠂤

稽卣蓋
對揚師淮父休

文考日癸卣　乃戒子壴乍
（作）父癸旅宗尊彝

文考日癸卣　其以父癸夙夕
卿（饗）爾百婚遘

召乍（作）父丁爵
召乍（作）父丁尊彝

召父簋
召父乍（作）𤔲□寶彝

塱盨　叔邦父叔姞萬年子=
孫=永寶用

父丙卣
[illegible][illegible]父丙

敟乍（作）父辛卣蓋
敟乍（作）父辛旅彝

稽卣蓋
對揚師淮父休

史㝨父簋蓋
史㝨父乍（作）尊簋

燮　尹　戱　⿱棥殳

凡乍（作）父乙觶
凡乍（作）父乙尊彝

[illegible]乍（作）父己觶
[illegible]乍（作）父己寶尊彝

諫乍（作）父己觶
亞肙諫乍（作）父己尊彝

中觶蓋
用乍（作）父乙寶尊彝

中觶器
用乍（作）父乙寶尊彝

丁亥父乙尊
用乍（作）父乙尊彝

遲父鐘
遲父乍（作）姬齊姜龢𬊈鐘

遲公鐘　医父眔齊萬年沬壽
子〓孫〓亡彊寶

樊卣
高對乍（作）父丙寶尊彝

录旁仲駒父簋蓋
录旁仲駒父乍（作）仲姜簋

录旁仲駒父簋一
录旁仲駒父乍（作）仲姜簋

录旁仲駒父簋二
录旁仲駒父乍（作）仲姜簋

## 燮

秦公鐘
䵼燮百邦于秦執事

## 尹

尹考鼎

及屠生簋
及屠生乍（作）尹姞尊簋

敔簋
使尹氏受

牧簋
毋敢不尹[illegible]不中不井（刑）

樊卣
尹易（賜）臣雀樊

樊卣
揚尹休

樊卣　尹其恒萬年受氒永魯
亡（無）競

## 戱

鄦子鐘一
中𩁹（雝）戱𤳖

鄦子鐘二
中𩁹（雝）戱𤳖

## ⿱棥殳

[illegible]⿱棥殳鬲
[illegible]⿱棥殳录光庚□[illegible]孝永寶[illegible]

## 及

及層生簋
及層生乍（作）尹姑尊簋

𨜒子鐘一
用樂嘉賓大夫及我𠢡友

叔弓鎛
及其高祖

叔弓鐘四
及其高祖

秦公鐘
匍及四方

仲𢓊父鼎　从止
㠯伯𢓊及仲𢓊父伐南淮尸

師訇簋　卿（向）女（汝）及
乂卹周邦

## 秉

秉Φ鼎

†秉Φ爵

秦公鐘
穆〃帥秉明德

## 反

南宮中鼎一
唯王令南宮伐反虎方之年

南宮中鼎二
唯王令南宮伐反虎方之年

楚王章編鐘
ǂ羽反

楚王酓章編鐘
宮反

## 取

晉姜鼎
𪈫取氒吉金

𢦏簋蓋
取貨五鋝

牧簋
取□□寽

## 叚

𡨦鼎　孳乳爲嘏　敢對揚天子
丕顯叚（嘏）休令

晉姜鼎
余不叚（暇）妄（荒）寧

中甗
曰叚

## 友

友史鼎　乍（作）册友史易
（賜）𧴪貝

𥁰父鼎一
唯女（汝）率我友𠭯事

𥁰父鼎一
唯女（汝）□□友𠭯事

師訇簋
率以乃友干（敦）吾王身

𨜒子鐘一
用樂嘉賓大夫及我𠢡友

伯克壺
伯克敢對揚天右王伯友

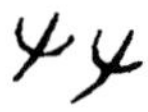
弭仲匿
者友𩚎飤具

𢐗仲盨
𢐗仲者友用其吉金

塱盨
善效乃友內辟

大夫始鼎
大夫始易（賜）友𢴲

大夫始鼎
始易（賜）友曰考曰攸

## 【ナ部】

# 卑

塱盨　孳乳爲俾
卑（俾）復虐逐氒君氒師

卑𠂤君鼎

晉姜鼎
卑貫通𢎜

叔弓鎛
卑若鐘鼓

叔弓鎛
卑百斯男而埶斯字

叔弓鐘六
卑若鐘鼓

叔弓鐘七
卑百斯男而埶斯字

## 【史部】

# 史

齊𡙕史喜鼎
齊𡙕史喜乍（作）寶鼎

中鼎
王令大史貺褔土

中鼎
兹褔人入史

史伯碩父鼎　史伯碩父追考
于朕皇考釐中王女泉女尊鼎

史顯鼎　史顯乍（作）朕皇考
釐中王母泉女尊鼎

寰鼎
史粦受王令書

寰鼎　王乎（呼）史減冊易
（賜）寰

友史鼎　乍（作）冊友史易
（賜）賣貝

中甗
史兒至

# 事

師毛父簋 内史□册命

鄦簋蓋 王乎（呼）内史册命鄦

鄦簋 王乎（呼）内史册命鄦

牧簋 王乎（呼）内史吴册令牧

伯索史盂 伯索史乍（作）季姜寶盂

史利匿二 史利乍（作）匿

史[illegible]父簋蓋 史[illegible]父乍（作）尊簋

史卣

祖庚史卣蓋 祖庚史

中甗 余令女（汝）史（使）小大邦

史利匿一 以事爲史 史利乍（作）匿

秦簋 伊[illegible]徃于辛史

秦簋 伊[illegible]商（賞）辛史秦金

史[illegible]父甗 史[illegible]父乍（作）旅甗

史孫[illegible]盤 史孫[illegible]乍（作）□

蔡簋 王乎（呼）史[illegible]册令蔡

[illegible]父鼎一 唯汝率我友𠂤事

[illegible]父鼎二 唯女（汝）□□友𠂤事

㦸簋蓋 用事

害簋一 用[illegible]（纘）乃祖考事

害簋二 用[illegible]（纘）乃祖考事

害簋三 用[illegible]（纘）乃祖考事

鄦簋 用事

鄦簋 用事

牧簋 □有同事

牧簋 乃干政事

師[illegible]簋 敬乃夙夜用事

師訇簋 [illegible]乃事

# 聿 書 肆※ 妻※

秦公鐘
醼燮百邦于秦執事

叔弓鎛
宦執而政事

秦公鐘
虩吏緫夏

叔弓鐘一
虔卹乓死事

叔弓鐘三　女（汝）康能乃有
事眔乃敵寮

叔弓鐘三
䝨命于外内之事

叔弓鐘五
勤勞其政事

叔弓鐘六
穌獸而九事

敔簋　孳乳爲使
使尹氏受

蔡簋
勿使敢又（有）疒止從獄

𪓊盨
勿使𢽫虐從獄

## 【聿部】

聿造鬲
聿造乍（作）尊鬲

祖戊觥
聿辛祖戊妻

寰鼎
史𢼸受王令書

中甗
中甗肆肩又羞余□

師訇簋　肆女（汝）乃聖祖考
克及右先王

師訇簋
肆皇帝亡（無）斁

祖戊觥
聿辛祖戊妻

師訇簋
首德不克妻

## 【畫部】

畫

牧簋 畫𨏶

塱盨 畫轉

塱盨 畫𨏶

【臤部】

臤

姬寏母豆 魯仲臤省伯

【臣部】

臣

中鼎 易（賜）于武王乍（作）臣

①

中鼎 唯臣①尚中臣

②

中鼎 隹臣尚中臣②

麥鼎 令小臣麥先省楚应

麥鼎 小臣麥易（賜）貝易（賜）馬兩

師訇簋 僕馭百工牧臣妾

叔弓鎛 伊小臣唯補（輔）

叔弓鐘五 伊小臣唯補（輔）

僰卣 尹易（賜）臣雀僰

【殳部】

殳

敔簋 南淮尸遱殳

【寸部】

## 專

秦公鐘 叡專明井（刑）

叔弓鎛 余既專乃心

叔弓鐘一 余既專乃心

叔弓鎛 女（汝）專余于艱卹

叔弓鎛 中專盟（明）刑

叔弓鐘三 中專盟（明）刑

叔弓鐘三 女（汝）專余于艱卹

叔弓鎛 女（汝）台（以）專戒公家

叔弓鐘三 台（以）專戒公家

叔弓鐘四 埔受天命

## 【攴部】

## 肈

𠂤伯簋 不从聿 𠂤伯肩肈乍（作）守乍（作）寶尊彝

散季簋 散季肈乍（作）朕王母叔姜寶簋

## 敏

晉姜鼎 不从攵，每字重見 敏揚氒光剌（烈）

叔弓鎛 女（汝）肈敏于戎攻

叔弓鐘二 女（汝）肈敏于戎攻

敔簋 从又 伐洭昂參泉裕敏陰陽洛

## 效

蔡簋 女（汝）弗善效姜氏人

㘸盨 善效乃友内辟

## 故

師訇簋 不从攵，古字重見 古（故）亡承于先王

牧簋 今𦤶司訇氒辠召故

㘸盨 又（有）辠又（有）故

# 政

師訇簋　盩龢雩政

叔弓鐘七　箭⁼義政

叔弓鎛　勤勞其政事

叔弓鐘五　勤勞其政事

牧簋　乃干政事

叔弓鐘一　箭成朕師旟之政德

叔弓鎛　箭成朕師旟之政德

叔弓鎛　余命女（汝）政于朕三軍

叔弓鐘一　余命女（汝）政于朕三軍

叔弓鐘一　宦執而政事

叔弓鎛　宦執而政事

叔弓鎛　箭義政

# 敃

師訇簋　干字重見　率以乃友干（敃）吾王身

# 敕

秦公鐘　萬生（姓）是敕

# 斁

師訇簋　肄皇帝亡（無）斁

# 攸

寰鼎　鑾旂攸勒　孳乳爲鋚

大夫始鼎　始易（賜）友曰考曰攸

害簋一　旂鋚勒

害簋二　旂鋚勒

害簋三　旂鋚勒

# 敗

叔弓鎛　敗氒靈師

叔弓鐘五　敗氒靈師

## 攻

叔弓鎛
女（汝）肇敏于戎攻

叔弓鐘二
女（汝）肇敏于戎攻

## 敔

敔簋　王令敔追御（襲）于
上洛烬谷

敔簋
武公入右敔

敔簋
王蔑敔曆

敔簋
𠩺敔圭瓚𢆶貝五十朋

敔簋
敔敢對揚天子休

敔簋
敔其萬年子₌孫₌永寶用

## 改

牧簋
今余隹或𣪘改

## 敵

叔弓鎛
爲女（汝）敵寮

叔弓鐘二
爲女（汝）敵寮

叔弓鐘三　女（汝）康能乃有
事眔乃敵寮

叔弓鎛　女（汝）康能乃有事
眔乃敵寮

## 牧

師𩛥簋
僕馭百工牧臣妾

牧簋
公𠂇組入右牧

牧簋
王乎（呼）內史吳冊令牧

牧簋
牧

牧簋
牧

牧簋
牧拜䭬首

牧簋
牧其萬年壽考

亞牧父戊鬲
亞牧父戊

## 敹

敹乍（作）父辛卣蓋
敹乍（作）父辛旅彝

敹乍（作）父辛卣器
敹乍（作）父辛旅彝

# 數　⿰屢攵　※敆　※⿰⿱合口攵　※⿰𠂤攵　貞

數

- 叔弓鎛　數龢三軍徒旃
- 叔弓鐘一　數龢三軍徒旃

⿰屢攵

- 叔弓鎛　⿰屢攵（選）擇吉金
- 二版金文編釋爲敹，曾憲通認爲隸作⿰屢攵，作句首連詞

敆

- 敆簋　于敆五十田

⿰⿱合口攵

- ⿰⿱合口攵姬壺　⿰⿱合口攵姬乍（作）寶彝

⿰𠂤攵

- 鄦子鐘一　⿰𠂤攵=趣=
- 鄦子鐘二　⿰𠂤攵=趣=

## 【卜部】

貞

- 宋君夫人鼎　假貞爲鼎
- [illegible]鼎
- 乙公鼎
- [illegible]蔡生鼎
- 叔夜鼎　叔夜鑄其饙鼎
- 師觫鼎　其乍（作）皁文考寶鼎
- 正考父鼎　正考父乍（作）文王寶尊鼎
- 卑[illegible]君鼎
- 言鼎
- 叔液鼎　叔液自乍（作）饙鼎
- 齊萚史鼎　齊萚史喜乍（作）寶鼎
- 宋公緣鼎

# 用

## 【用部】

豊鼎

緐駒父鼎

[illegible]蔡生鼎

伯鄀父鼎

叀鼎

言鼎
其永寶用享

何簋
用乍（作）寶簋

何簋
其萬年子="孫="其永寶用

㚘卣
其子="孫="寶用

君季鼎
子孫永寶用之

叔液鼎
永壽用之

齊葬史喜鼎
子="孫="永寶用

仲[illegible]父鼎
其萬年子="孫="永寶用

王子吳鼎
子="孫="永保用之

瘨鼎
瘨萬年永寶用

雝公諴鼎
子="孫="永寶用

雝公諴鼎
用乞沬壽

師秦宮鼎
用乍（作）尊鼎

師秦宮鼎
□其萬年永寶用

史伯碩父鼎
子="孫="永寶用享

史顯鼎
子="孫="永寶用享

微䜌鼎
䜌子="孫="永寶用享

㝨鼎
㝨其萬年子孫永寶用

師餘鼎
孫子="寶用

䁓簋
其子="孫="永寶用享于宗室

叔倲孫父簋
子="孫="永寶用享

師毛父簋
其萬年子="孫="其永寶用

正考父鼎
子孫永寶用享

叔姬鼎
其萬子□永寶用

虢姜鼎
其萬年永寶用

聿造鬲
永寶用

[illegible]鬲
永寶用

京姜鬲
其永缶〈寶〉用

仲□父鬲
子〻孫〻□□永寶用

[illegible]鬲
其子〻孫〻永寶用

[illegible]甗
其子〻孫〻永用享

史[illegible]父甗
其萬年子孫〻永寶用

都于子斯簠二
子〻孫〻永□用

内公簠
子孫永寶用享

[illegible]簋
其萬年子孫永寶用

伯庶父簋
其永寶用

史張父簋蓋
其萬年永寶用

應侯簋
其萬年永寶用

䤬仲奠父簋
其萬年子〻孫〻永寶用

[illegible]父簋
其萬年沫壽永寶用

录旁仲駒父簋蓋
子〻孫〻永寶用享孝

录旁仲駒父簋一
子〻孫〻永寶用享孝

录旁仲駒父簋二
子〻孫〻永寶用享孝

[illegible]生簋
子〻孫〻其萬年用享

及[illegible]生簋
子〻孫永寶用享考

叔旦簋
其萬年子〻孫〻永寶用

虢姜簋蓋
子〻孫〻永寶用享

𢦏簋蓋
其子〻孫〻永用

害簋一
其子〻孫〻永寶用

害簋二
其子〻孫〻永寶用

害簋三
其子〻孫〻永寶用

京叔盨
其萬壽永寶用

㠱公壺 子孫永保用之

伯克壺 克克其子＝孫＝永寶用享

引𣪘 子＝孫＝永寶用

叔良父盨 其萬年子＝孫＝永寶用

劉公鋪 永寶用

鄦簋 子＝孫＝永寶用享

鄦簋蓋 子＝孫＝永寶用享

師㝬簋 㝬其萬年子＝孫＝永寶用享

敔簋 敔其萬年子＝孫＝永寶用

蔡簋 子＝孫永寶用

牧簋 子＝孫＝永寶用

伯戔盞器 永保用之

姬寏母豆 永寶用

黃季舟 其永用之

齊侯盤 其萬年子＝孫＝永保用

伯索史盂 其萬年子孫永用

伯戔盤 子＝孫＝永寶用之

寒戊匜 其子＝孫＝永用

弭伯匜 其子＝孫＝永寶用

仲姞匜 其萬年子＝孫＝永寶用

齊侯匜 其萬年子＝孫永保用

慶叔匜 子＝孫＝羕〈永〉保用之

田季加匜 子＝孫＝永寶用享

單㚖生豆 用享

塱盨 叔邦父叔姞萬年子＝孫＝永寶用

伯玉盉 其萬年子＝孫＝其永寶用

[illegible]仲盉 子＝孫＝其永用之

叔夜鼎 用祈眉壽

[illegible]鼎二 其子＝孫＝永用享

走鐘一 走其萬年子＝孫永寶用享

走鐘二
其萬年子=孫=永寶用享

走鐘三
走其萬年子=孫=永寶用享

走鐘四
走其萬年子=孫=永寶用享

走鐘五
走其萬年子=孫=永寶用享

楚王鐘
子孫永保用之

叔液鼎
用祈沫壽

雝公諴鼎
用乞沫壽

伯戔盤
用祈沫壽萬年無疆

仲[illegible]父鼎
用乍（作）寶鼎

豐乍（作）父丁簋
用乍（作）父丁尊彝

𡨦卣
用乍（作）兄癸彝

[illegible]鼎二
唯[illegible]用吉金一

黄季舟
黄季之季□[illegible]用其吉金

㚇鼎
用乍（作）季媍寶尊彝

雝公諴鼎
用追享考于皇祖考

師訇簋
用夾召氒辟

鄦子鐘一
用樂嘉賓大夫及我倗友

牧簋
不用先王乍（作）井（刑）

①
伯梡簋一
用①享用孝

②
伯梡簋一
用享用②孝

鄦子鐘一
用匽以喜

叔弓鐘三
余用登屯（純）厚乃命

豐鼎
用乍（作）父己寶[illegible]

[illegible]鼎一
其子=孫=永用享

叔夜鼎
用[illegible]用

叔夜鼎
用[illegible]用[illegible]

己酉簋
[illegible]豼用宔

師毛父簋
用作寶簋

虢姜簋蓋
用禪追孝于皇考叀中

史伯碩父鼎
用祈匄百彔（禄）沫壽

史顯鼎
用追享孝

史顯鼎
用祈匄沬壽

微䜌鼎
用易（賜）康勵魯休

寰鼎　用乍（作）朕皇考奠
伯姬尊鼎

晉姜鼎
用召匹辝辟

晉姜鼎
晉姜用祈綽綰沬壽

晉姜鼎
用康𩡧妥懷遠埶君子

晉姜鼎
用作寶尊鼎

①
晉姜鼎
用①享用德

②
晉姜鼎
用享用②德

大夫始鼎
用乍（作）文考日己寶鼎

大夫始鼎
孫=子=永寶用

友史鼎
用作父乙尊

[illegible]甗
唯[illegible]用吉金

中甗
用作父乙寶彝

①
叔邦父𠤳
用①征用行

②
叔邦父𠤳
用徵用②行

叔邦父𠤳
用從君王

弭仲𠤳
用成（盛）[illegible]旝糕粱

弭仲𠤳
用卿（饗）大正

虢姜簋
其永用享

①
伯椃簋二
用①享用孝

②
伯椃簋二
用享用②孝

伯百父簋
用夙夕享

伯百父簋
用祈萬壽

秦簋
用作父□尊彝

①
召仲考父壺
用①祀用卿

②
召仲考父壺
用祀用②卿

召仲考父壺
用祈沬壽

戠簋蓋
用乍（作）朕文考寶簋

害簋一 用(續)乃祖考事

害簋一 用乍（作）文考寶簋

害簋二 用(續)乃祖考事

害簋二 用乍（作）文考寶簋

害簋三 用(續)乃祖考事

害簋三 用乍（作）文考寶簋

鄦簋蓋 用事

鄦簋蓋 鄦用乍（作）朕皇考龏伯尊簋

鄦簋 用事

鄦簋 鄦用乍（作）朕皇考龏伯尊簋

師猷簋 敬乃夙夜用事

師猷簋 用乍（作）朕文考乙仲𩰫簋

敔簋 用乍（作）尊簋

蔡簋 用乍（作）寶尊簋

師訇簋 用乍（作）朕剌祖乙伯同益姬寶簋

師訇簋 用乍（作）川宮寶

牧簋 女（汝）毋敢□□先王乍（作）明井〈刑〉用

牧簋 用乍（作）朕皇文考益伯寶尊簋

姬寏母豆 用祈沬壽

曾師盤 用①孝用享

曾師盤 用孝用②享

巂卣蓋 用乍（作）兄癸彝

塱盨 用辟我一人

塱盨 用乍（作）寶盨

仲盉 仲者友用其吉金

文觥器 用乍（作）文己寶彝

伯克壺 用乍（作）朕穆考𠈇仲尊𩫖

伯克壺 克用匄沬壽無疆

𡨦卣蓋 用乍（作）母乙彝

稽卣蓋 用乍（作）文考日乙寶尊彝

稽卣 用乍（作）文考日乙寶尊彝

中觶蓋 用先

中觶蓋 用乍（作）父乙寶尊彝

中觶器 用先

中觶器 用乍（作）父乙寶尊彝

丁亥父乙尊 用乍（作）父乙尊彝

楚王酓章鐘 其永時用享

楚王酓章編鐘 其永時用享

叔弓鎛 弓敢用拜䭫首

遲父鐘 乃用祈匄多福

遲父鐘 用卲乃穆

叔弓鎛 余用登屯（純）厚乃命

叔弓鎛 弓用或敢再拜䭫首

叔弓鎛 用乍（作）鑄其寶鎛

叔弓鎛 用享于其皇祖皇妣皇母皇考

叔弓鎛 用祈沬壽

叔弓鎛 曰武靈成子〓孫〓羕（永）保用享

叔弓鐘二 弓敢用拜䭫首

叔弓鐘四 弓用或敢再拜䭫首

叔弓鐘六 弓用乍（作）鑄其寶鐘

叔弓鐘六 用享于其皇祖皇妣皇母皇考

叔弓鐘六 用祈沬壽

叔弓鐘七 曰武靈成子孫永保用享

戉王者旨於賜鐘 用嘉而賓客

戉王者旨於賜鐘 用之勿相

# 庸

中甗 卑又舍女（汝）[illegible]量至于女庸

## 【爻部】

### 爻

爻母辛卣

## 【㸚部】

### 爾

文考日癸卣　其以父癸夙夕卿（饗）爾百婚遘

# 卷四

## 【目部】

蔡簋

令汝罘曰䎽足對各

遲公鐘

侯父罘齊萬年沫壽

子=孫=亡彊寶

叔弓鎛

女（汝）康能乃又事

罘乃敵寮

叔弓鐘三

女（汝）康能乃有事罘乃敵寮

戉王者旨於賜鐘

用之勿相

## 【眀部】

祖丁卣蓋

祖丁卣器

## 【眉部】

南宮中鼎一

王令中先省南國貫行

南宮中鼎二

王令中先省南國貫行

交鼎

令小臣交先省楚应

中甗

王令中先省南國貫行

中甗

中省自方𢍃邦

友史鼎

王令寑農省北田四品

# 自

中觶蓋
王大省公族于庚

中觶
王大省公族于庚

## 【自部】

[illegible]鼎一
自乍（作）寶鼎

王子吳鼎
自乍（作）飤𩰫

都于子斯𠤳一
都于子斯自乍（作）旅𠤳

無子鐘一
自乍（作）鈴鐘

楚公鐘
楚公逆自乍（作）大雷鎛

伯戔盤
邛仲之孫伯戔自乍（作）顯盤

叔液鼎
叔液自乍（作）鐼鼎

宋□□右鼎

[illegible]鼎二
自乍（作）寶鼎

[illegible]甗
自乍（作）寶甗

都于子斯𠤳二
都于子斯又自乍（作）旅𠤳

伯戔盞
邛仲之孫伯戔自乍（作）鐼盞

黃季舟
自乍（作）□[illegible]

曾師盤
自乍（作）寶盤

季加匜器
唯田季加自乍（作）寶匜

[illegible]仲盉
自乍（作）[illegible]

召仲考父壺
召仲考父自乍（作）壺

無子鐘二
自乍（作）鈴鐘

中甗
中省自方昇[illegible]邦

中觶
王昜（賜）中馬自[illegible]医四[illegible]

中觶蓋
王昜（賜）中馬自[illegible]医四[illegible]

楚王酓章鐘
返自西旟

戉王者旨於賜鐘
自乍（作）禾亩

# 【白部】

## 魯

微䜌鼎　用易（賜）康勳魯休

蔡簋　敢對揚天子丕顯魯休

何簋　對揚天子魯命

姬寏母豆　魯仲叡省伯、

樊卣　尹其恒萬年受氒永魯亡（無）競

塱盨　對揚天子丕顯魯休

秦公鐘　以受屯（純）魯多釐

叔弓鎛　其萬福屯（純）魯

叔弓鐘六　其萬福屯（純）魯

魯正叔盤　魯正叔之□乍（作）鑄其御□

## 者

弭仲匿　者友𩜁飤具□

□仲盉　□仲者友用其吉金

戉王者旨於賜鐘　戉王者旨于賜擇氒吉金

## 百

史伯碩父鼎　用祈匄百录（祿）沬壽

敔簋　馘百

蔡簋　嗣百工

秦公鐘　咸畜百辟胤士

師獸簋　僕馭百工牧臣妾

牧簋　令女（汝）辟百寮

文考日癸卣　其以父癸夙夕卿（饗）爾百婚遘

敔簋　長㯖蔑首百

師訇簋　尸□三百人

秦公鐘　𤼈燮百邦于秦執事

叔弓鎛　卑百斯男而埶斯字

叔弓鐘七　卑百斯男而埶斯字

# 皕　隹

【皕部】

伯百父簋

伯百父作周姜寶簋

𨾚叔鼎

才（在）皕

【隹部】

𨾚叔鼎

隹八月

叔夜鼎

隹五月庚申

散季簋

隹王四年八月初吉丁亥

楚公鐘

隹八月甲申

叔弓鎛

隹王五月

叔弓鎛

伊小臣隹輔

叔弓鎛一

隹王五月辰在戊寅

叔弓鐘五

伊小臣隹輔

何簋

隹三月初吉庚午

𣞤卣

隹十又二月

戉王者旨於賜鐘

隹正月甬（仲）春

戉王者旨於賜鐘

隹以樂可

伯克壺

隹十又六年七月既生霸乙未

鄦子鐘一

隹正月初吉丁亥

楚王酓章鐘

隹王五十又六祀

己酉簋

隹王十祀劦日

南宮中鼎一

隹王令南宮伐反虎方之年

田季加匜

隹田季加自作寶匜

虘父鼎一
隹女（汝）率我友㠯事

中鼎
隹臣尚中臣

師訇簋
隹王身厚□

鄦簋
今余隹䵼亯乃命

叔弓鎛
伊小臣隹補（輔）

師訧簋
女（汝）有隹小子

□鼎一
隹□用吉金

□鼎二
隹□用吉金

厚趠方鼎
隹王來各于成周年

王子吴鼎
隹正月初吉丁亥

瘨鼎
隹三年四月庚午

中鼎
隹十又三月庚寅

南宫中鼎二
隹王令南宫伐反虎方之年

雝公諴鼎
隹十又四月既死霸壬午

師秦宫鼎
隹五月既望

史伯碩父鼎
隹六年八月初吉己巳

微䜌鼎
隹王廿又三年九月

寰鼎
隹廿又八年五月既望庚寅

晉姜鼎
隹王九月乙亥

正考父鼎
隹四月初吉

虘父鼎二
隹女（汝）□□友㠯事

大夫始鼎
隹三月初吉甲寅

□甗
隹□用吉金

史□父甗
隹六月初吉

伯庶父簋
隹二月戊寅

己酉簋
五隹□束

豐作父丁簋
隹王六祀肜日

師毛父簋
隹六月既生霸戊戌

戜簋蓋
隹正月乙巳

害簋一
隹四月初吉

# 雁

害簋二 佳四月初吉

害簋三 佳四月初吉

鄦簋蓋 佳二年正月初吉

鄦簋蓋 今今余唯𤕌𩫖乃命

鄦簋 佳二年正月初吉

師𤞷簋 佳王元年正月初吉丁亥

敔簋 佳王十月

敔簋 佳王十又一月

蔡簋 佳元年既望丁亥

蔡簋 今余唯𤕌𩫖乃令

師訇簋 今余佳𤕌𩫖乃令〻女（汝）叀雝我邦小大猷

師訇簋 佳元年二月既望庚寅

牧簋 佳王七年十又三月既生霸甲寅

牧簋 今余唯𤕌𩫖乃命

伯戔盤 佳王月初吉丁亥

召仲考父壺 佳六月初吉丁亥

㝬卣蓋 佳王㝬九祀劦日

㝬卣 佳王㝬九祀劦日

鄦子鐘二 佳正月初吉丁亥

楚王鐘 佳正月初吉丁亥

應侯簋 雁（應）侯乍（作）姬遼母尊簋

叔弓鎛 女（汝）雁（應）鬲公家

叔弓鐘四 雁（應）受君公之易（錫）光

叔弓鎛 孳乳爲膺 雁（膺）卹余于盟（明）卹

叔弓鐘三 雁（膺）卹余于盟（明）卹

叔弓鐘二 女（汝）雁（應）鬲公家

叔弓鎛 雁（應）受君公之易（錫）光

## 雝

雝公諴鼎 下鄀雝公緘乍（作）尊鼎

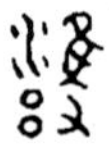

師訇簋 今余隹醽熹乃令〓女（汝）叀雝我邦小大猷

秦公鐘 其音戚（肅）雝〓孔煌

晉姜鼎或从攴 巠雝明德

## 隹

隹叔鼎 隹叔從王南征

## 難

叔弓鎛 霝命難老

叔弓鐘六 霝命難老

## ※巂

巂卣蓋 王易（賜）巂八申貝

巂卣 王易（賜）巂八申貝

豐乍（作）父丁簋 巂□□庸豐

## ※□

𠈇子鐘一 中□（□）叡旟

𠈇子鐘二 中□（□）叡旟

## 【奞部】

## 奪

敔簋 奪孚（俘）人四百

塱盨 爰奪虘行道

## 【雈部】

## 舊

叔弓鎛 弓箅（典）其先舊

叔弓鐘四 弓箅（典）其先舊

【苜部】

蔑

敔簋

王蔑敔曆

稱卣蓋

蔑曆

稱卣器

蔑曆

【鳥部】

鳳

南宮中鼎一

中評（呼）歸生鳳于王

南宮中鼎二

中評（呼）歸生鳳于王

⿹勹爾

塱盨

迺⿹勹爾即汝

鄦子鐘一

用樂嘉賓大夫及我⿹勹爾友

叔弓鎛

達而⿹勹爾剌

叔弓鐘六

達而⿹勹爾剌

鳴

鄦子鐘一

元鳴孔煌

鄦子鐘二

元鳴孔煌

【烏部】

於

戉王者旨於賜鐘

戉王者旨於賜擇厥吉金

舄

蔡簋

易（賜）汝玄衮衣赤舄

## 【冓部】

### 再

叔弓鎛
弓用或敢再拜頧首

叔弓鐘四
弓用或敢再拜頧首

## 【玄部】

### 玄

寰鼎　孳乳爲玄
玄衣黹純

戜簋蓋
昜（賜）汝戠（織）玄衣

蔡簋
昜（賜）女（汝）玄衮衣

害簋一
玄衣黹純

害簋二
玄衣黹純

害簋三
玄衣黹純

弭仲簠
其𬨨其玄其黄

叔弓鐘六
鈇鐈玄鏐鏻鋁

### 茲

中鼎　與茲爲一字　丝字重見
丝禴人入史

## 【丝部】

### 丝

婦丝觚一

婦丝觚二

中鼎
丝禴人入史孳乳爲茲

## 【叀部】

# 叀

叀鼎

虢姜簋蓋　用禪追孝于皇考叀中

師訇簋　今余隹𤕌𥃣乃令₌女（汝）叀雝我邦小大猷

# 疐

晉姜鼎　作疐爲亟

秦公鐘　畯疐在立（位）

## 【受部】

# 爰

𡐓盨　爰奪虘行道

# 㸒

牧簋　[illegible]迺多㸒

# 受

寰鼎　史𦰩受王令書

師訇簋　[illegible]受天令

秦公鐘　受天命

虢姜簋蓋　受福無疆

秦公鐘　以受多福

[illegible]卣　尹其恒萬年受氒永魯亡（無）競

叔弓鐘四　塼受天命

敔簋　使尹氏受

叔弓鐘四　雁（應）受君公之易（錫）光

弭仲𠤳　弭仲受無疆福

㠱公壺　它（迤）配（熙）受福無期

秦公鐘　以受純魯多釐

叔弓鎛　雁（應）受君公之易（錫）光

叔弓鎛　塼受天命

## 孚

㦰簋蓋　取貲五孚孳乳爲鋝

牧簋　取□□孚

稱卣蓋　易（賜）貝卅孚

稱卣　易（賜）貝卅孚

## 敢

師秦宮鼎　敢對揚天子丕顯休

鄦簋　敢對揚天子休命

蔡簋　敢對揚天子丕顯魯休

寰鼎　敢對揚天子丕顯叚（嘏）休令

大夫始鼎　大夫始敢對揚天子休

鄦簋蓋　敢對揚天子休命

師㝬簋　敢對揚皇君休

敔簋　敔敢對揚天子休

蔡簋　毋敢又（有）不聞

蔡簋　毋敢疾又（有）入

師訇簋　敢對揚天子休

牧簋　女（汝）毋敢□□先王作明井（刑）用

牧簋　毋敢不尹𠘧不中不井（刑）

牧簋　敢對揚王丕顯休

𡐓盨　迺敢疾訊人

粤鐘　粤敢拜䭫首

叔弓鎛　弓敢用拜䭫首

伯克壺　伯克敢對揚天右王伯友

叔弓鎛　弗敢不對揚朕辟皇君之易（錫）休命

師㝬簋　毋敢否善

蔡簋　勿使敢又（有）疾止從獄

牧簋　毋敢不明不中不井（刑）

叔弓鎛　余弗敢灋（廢）乃命

叔弓鐘一　弓不敢弗憼戒

叡　　死　　膺

叔弓鎛
弓不敢弗憼戒

叔弓鎛
弓敢用拜韻首

叔弓鎛
弓用或敢再拜韻首

叔弓鐘二
弓敢用拜韻首

叔弓鐘二　弗敢不對揚朕辟
皇君之易（錫）休命

叔弓鐘四
弓用或敢再拜韻首

叔弓鐘四
余弗敢灋（廢）乃命

叔弓鎛
又敢（儼）才（在）帝所

叔弓鐘四
又敢（儼）才（在）帝所

【㕡部】

秦公鐘
叡尃明井（刑）

【死部】

雝公諴鼎
隹十又四月既死霸壬午

師𩞁簋
余令女（汝）死我家

𡒄𦉜
不𠙵隹死

叔弓鎛
虔卹氒死事

叔弓鐘一
虔卹氒死事

【肉部】

叔弓鎛　雁字重見　雁（膺）
卹余于盟（明）卹

## 股

師訇簋　女（汝）乃聖祖考克股右先王

## 胤

秦公鐘　咸畜百辟胤士

## 脊※

叔弓鎛　余易（賜）女（汝）釐都脊劇

叔弓鐘二　余易（賜）女（汝）釐都脊劇

## 【刀部】

## 剴

叔弓鎛　外内剴辟

叔弓鐘六　外内剴辟

## 利

晉姜鼎　三壽是利

史利匜一　史利乍（作）匜

史利匜二　史利乍（作）匜

## 初

仲偁父鼎　唯王五月初吉丁亥

王子吳鼎　隹正月初吉丁亥

散季簋　隹王四年八月初吉丁亥

楚王鐘　隹正月初吉丁亥

伯戔盤　隹正月初吉丁亥

召仲考父壺　隹六月初吉丁亥

樊卣　王初賓旁

史伯碩父鼎　隹六年八月初吉己巳

正考父鼎　隹四月初吉

大夫始鼎
隹三月初吉甲寅

史父甗
隹六月初吉

秦簋
六月初吉癸卯

害簋一
隹四月初吉

害簋二
隹四月初吉

害簋三
隹四月初吉

𨟻簋蓋
隹二年正月初吉

𨟻簋
隹二年正月初吉

何簋
隹三月初吉庚午

𨚕子鐘一
隹正月初吉丁亥

𨚕子鐘二
隹正月初吉丁亥

# 則

師𩛥尊 《説文》籀文从鼎
𩛥則對揚氒

𡌨盨
則唯輔天降喪

師𩛥鼎
𩛥則對揚氒德

師訇簋
亦則肄女（汝）乃聖祖考

# 罰

叔弓鎛
諫罰朕庶民

叔弓鐘一
諫罰朕庶民

叔弓鐘二
慎中氒罰

叔弓鎛
慎中氒罰

# 剢

叔弓鎛
達而𤔲剢

叔弓鐘六
達而𤔲剢

# 刑

叔弓鎛
中専𥁰（明）刑

劖※

叔弓鎛　余易（賜）女（汝）
釐都脊劖

叔弓鐘二　余易（賜）女（汝）
釐都脊劖

【耒部】

耤

戠簋蓋
官嗣耤田

# 簋

# 卷五

## 【竹部】

舟虔簋一

舟虔乍（作）旅簋

仲酉父簋蓋

仲酉父乍（作）旅簋

牧簋 用乍（作）朕皇文考

益伯寶尊簋

應侯簋 雁（應）侯乍（作）

姬遼母尊簋

虢姜簋蓋

虢姜乍（作）寶尊簋

伯庶父簋 伯庶父乍（作）王

姑凡姜尊簋

伯梡簋一 伯梡盧肇乍（作）

皇考剌公尊簋

散季簋 散季肇乍（作）朕王

母叔姜寶簋

伯梡簋二 伯梡盧肇乍（作）

皇考剌公尊簋

蔡簋

用乍（作）寶尊簋

录旁仲駒父簋一

录旁仲駒父乍（作）仲姜簋

录旁仲駒父簋二

录旁仲駒父乍（作）仲姜簋

征生簋

征生鮐乍（作）寶簋

何簋

用乍（作）寶簋

師訇簋 用乍（作）朕剌祖乙

伯同益姬寶簋

舟虔簋二

舟虔乍（作）旅簋

婞簋

婞乍（作）寶簋

仲言父簋蓋

仲言父乍（作）旅簋

史㲋父簋蓋

史㲋父乍（作）尊簋

虢姜簋

虢姜乍（作）寶簋

𩨖仲奠父簋

𩨖仲奠父乍（作）尊簋

[illegible]父簋

[illegible]父乍（作）姬獻賸簋

录旁仲駒父簋蓋

录旁仲駒父乍（作）仲姜簋

及屆生簋

及屆生乍（作）尹姑尊簋

叔旦簋
叔旦乍（作）寶簋

伯百父簋
伯百父乍（作）周姜寶簋

叔倲孫父簋
叔倲孫父乍（作）孟姜尊簋

師毛父簋
用乍（作）寶簋

㦰簋蓋
用乍（作）朕文考寶簋

害簋一
用乍（作）文考寶簋

害簋二
用乍（作）文考寶簋

害簋三
用乍（作）文考寶簋

鄦簋蓋
鄦用乍（作）朕皇考龏伯尊簋

鄦簋
鄦用乍（作）朕皇考龏伯尊簋

師𤞷簋
用乍（作）朕文考乙仲𩰫簋

敔簋
用乍（作）尊簋

## 箙

箙貝父辛卣蓋

箙貝父辛卣器

父己爵

## ※簫

叔弓鎛
簫成朕師旟之政德

叔弓鎛
簫義政

叔弓鐘一
簫成朕師旟之政德

叔弓鐘七
簫₌義政

徐中舒等釋爲肅，唐蘭等釋爲淵

## ※⿱竹洹

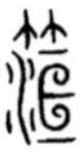
叔弓鐘五
有共于⿱竹洹武靈公之所

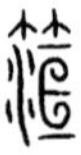
叔弓鐘五
⿱竹洹武靁公易（賜）弓吉金

## 【箕部】

## 箕

言鼎
《說文》古文乍（作）

㪤蔡生鼎

伯𨛜父鼎

仲[illegible]父鼎
其萬年子=孫=永寶用

䣄仲奠父簋
其萬年子=孫=永寶用

走鐘二
其萬年子=孫=永寶用享

其師毛父簋
萬年子=孫=其永寶用

虢姜簋蓋
虢姜其萬年沬壽

厚趠方鼎
其子=孫永寶

師秦宮鼎
□其萬年永寶用

史顯鼎
顯其萬年多福無疆

寰鼎
寰其萬年子孫永寶用

正考父鼎
其萬年無疆

叔姬鼎
其萬子□永寶用

虢姜鼎
其萬年永寶用

[illegible]鬲
其子=孫=永寶用

史[illegible]父甗
其萬年子孫=永寶用

叔邦父匿
子=孫=其萬年無疆

[illegible]簋
其萬年子孫永寶用

史喪父簋蓋
其萬年永寶用

虢姜簋
其永用享

應侯簋
其萬年永寶用

散季簋
散季其萬年子=孫=永寶

害簋一
其子=孫=永寶用

及屠生簋
其萬年無疆

叔旦簋
其萬年子=孫=永寶用

害簋二
其子=孫=永寶用

②

師毛父簋
其萬年子=孫=其②永寶用

㦰簋蓋
其子=孫=永用

害簋三
其子=孫=永寶用

京叔盨
其萬壽永寶用

鄸簋蓋
鄸其沬壽萬年無疆

敔簋
敔其萬年子=孫=永寶用

蔡簋
蔡其萬年沬壽

黄季舟
其永用之

魯正叔盤　魯正叔之𠂤乍（作）鑄其御□

伯索史盂
其萬年子孫永用

寒戊匜
其子=孫=永用

弭伯匜
其子=孫=永寶用

①
伯玉盉
其①萬年子=孫=其永寶用

②
伯玉盉
其萬年子=孫=其②永寶用

楚公鐘
□公逆其萬年壽

□仲盉
□仲者友用其吉金

□仲盉
子=孫=其永用之

②
何簋
其萬年子=孫=其②永寶用

伯克壺
克克其子=孫=永寶用享

稱卣蓋
其子=孫永福

稱卣器
其子=孫永福

㚸卣　尹其恒萬年受氒永魯亡（無）競

㚸卣
其子=孫=寶用

①
何簋
其①萬年子=孫=其永寶用

師訇簋
訇其萬由年子=孫=永寶

牧簋
牧其萬年壽考

黄季舟
黄季之季□□用其吉金

文考日癸卣
其以父癸夙夕鄉爾百婚遘

走鐘四
走其萬年子=孫=永寶用享

走鐘一
走其萬年子=孫永寶用享

走鐘三
走其萬年子=孫=永寶用享

走鐘五
走其萬年子=孫=永寶用享

楚公鐘
孫子其永寶

叔夜鼎
叔夜鑄其饙鼎

□鼎一
其子=孫=永用享

君季鼎

王子吳鼎
王子吳擇其吉金

叔弓鐘六
弓用乍（作）鑄其寶鐘

鄦子鐘二
鄦子[illegible]自睪其吉金

叔弓鎛
其縣三百

叔弓鎛
其配襄公之妣而鍼公之女

楚王酓章編鐘
其永時用享

齊莽史喜鼎
其沬壽萬年

伯庶父簋
其永寶用

叔弓鎛
其萬福屯（純）魯

齊侯盤
其萬年子=孫=永保用

㠱簋
㠱其洍

㠱公壺
永保其身

齊侯匜
其萬年子=孫永保用

慶叔匜
其沬壽萬年

慶叔匜
羕（永）保其身

田季加匜器
其萬年無畺（疆）

師獸簋
獸其萬年子=孫=永寶用享

鄦簋
鄦其沬壽萬年無疆

叔良父盨
其萬年子=孫=永寶用

王子吳鼎
其沬壽無諆

京姜鬲
其永缶（寶）用

弭仲𠤳
其①[illegible]其玄其黃

微䜌鼎
其萬年無疆

㠱簋
其子=孫永寶用享于宗室

晉姜鼎
畯保其孫子

弭仲𠤳
其[illegible]其②玄其黃

弭仲𠤳
其[illegible]其玄其③黃

[illegible]父簋
其萬年沬壽永寶用

師𩛥鼎
其乍（作）氒文考寶鼎

[illegible]生簋
子=孫=其萬年用享

仲姞匜
其萬年子=孫=永寶用

[illegible]鼎二
其子=孫=永用享

鄦子鐘一
鄦子𥂴自羿其吉金

楚王酓章鐘
其永時用享

楚王酓章編鐘
其永時用享

引觥
其沫壽

叔弓鎛
勤勞其政事

秦公鐘
其音戚（肅）雝=孔煌

叔弓鎛
弓箕（典）其先舊

叔弓鎛
及其高祖

叔弓鎛
用作鑄其寶鎛

叔弓鎛
用享于其皇祖皇妣皇母皇考

叔弓鎛
其作福元孫

叔弓鐘二
其縣三百

叔弓鐘四
弓箕（典）其先舊

叔弓鐘四
及其高祖

叔弓鐘五
其配襄公之妣而鹹公之女

叔弓鐘五
勤勞其政事

叔弓鐘六
用享于其皇祖皇妣皇母皇考

叔弓鐘六
其作福元孫

叔弓鐘六
其萬福屯（純）魯

叔弓鐘七
永保其身

叔弓鎛
羕（永）保其身

楚王鐘
其沫壽無疆

## 【丌部】

# 典

叔弓鎛
弓箕（典）其先舊

叔弓鐘四
弓箕（典）其先舊

## 畀

中鼎
今貺畀女（汝）福土

## 奠

𡨦鼎 用乍（作）朕皇考奠
伯姬尊鼎

鼄仲奠父簋
鼄仲奠父作尊簋

師訇簋
奠大令

【左部】

## 左

叔弓鎛
左右毋諱

叔弓鐘三
左右余一人

叔弓鎛
左右余一人

叔弓鐘七
齊厌左右

叔弓鎛
齊厌左右

叔弓鐘一
左右毋諱

## 差

叔弓鎛
余命女（汝）裁差卿

叔弓鐘三
余命女（汝）裁差卿

【工部】

## 工

師𣪕簋
僕馭百工牧臣妾

蔡簋
嗣百工

嗣工簋
嗣工乍（作）寶彝

木子工父癸爵

大夫始鼎
始獻工

【甘部】

# 曆

敔簋 王蔑敔曆

稱卣蓋 蔑曆

稱卣 蔑曆

# 猒

叔弓鎛 孳乳爲厭 余引猒乃心

叔弓鐘一 余引猒乃心

## 【曰部】

# 曰

中鼎 王曰

師訇簋 王曰

秦公鐘 秦公曰

牧簋 王若曰

叔弓鎛 公曰

楚公鐘

晉姜鼎 晉姜曰

塱盨 王曰

中觶器 王曰

蔡簋 王若曰

蔡簋 令汝眔曰耤足對各

師訇簋 王若曰

虚父鼎一 征令曰

虚父鼎二

大夫始鼎 始易（賜）友曰考曰攸

大夫始鼎 始易（賜）友曰考曰攸

中甗 自王令曰

中甗 曰叚

中甗 曰旋

中甗

豐作父丁簋 王曰

旨

㦰簋蓋
王曰

害簋一
王册命害曰

害簋二
王册命害曰

害簋三
王册命害曰

郱簋
王曰

郱簋蓋
王曰

叔弓鎛
毋曰余小子

叔弓鎛
曰武靈成子=孫=羕（永）保用享

叔弓鐘一
公曰

牧簋
王曰

中觶蓋
王曰

叔弓鐘三
毋曰余小子

師獣簋
伯龢父若曰

秦公鐘
氒名曰

叔弓鐘七
曰武靈成子孫永保用享

秦公鐘

叔弓鎛
公曰

叔弓鎛
公曰

叔弓鐘二
公曰

叔弓鐘三
公曰

## 【旨部】

弭仲𠤳
具旨[illegible]

戉王者旨於賜鐘
戉王者旨於賜擇氒吉金

## 【乃部】

# 乃

中鼎 乍（作）乃采

師訇簋 敬明乃心

鄦簋蓋 今余唯醽豪乃命

師訇簋 谷女（汝）弗以乃辟函于艱

牧簋 雩乃訊庶右粦

牧簋 乃干政事

師訇簋 率以乃友干（敔）吾王身

師訇簋 亦則緈女（汝）乃聖祖考

①
叔弓鐘三 女（汝）康能乃①有事眔乃敵寮

害簋一 用䜌（纘）乃祖考事

塱盨 敬明乃心

塱盨 善效乃友內辟

文考日癸卣 乃戒子壴乍（作）父癸旅宗尊彝

遅父鐘 乃用祈匃多福

塱盨 易（賜）女（汝）𩰫鬯一卣乃父市

害簋二 用䜌（纘）乃祖考事

害簋三 用䜌（纘）乃祖考事

鄦簋 今余唯醽豪乃命

師猷簋 乃祖考有𡩜于我家

師猷簋 敬乃夙夜用事

蔡簋 今余唯醽豪乃令

師訇簋 𤔲乃事

師訇簋 今余唯醽豪乃令=女（汝）叀雝我邦小大猷

師訇簋 率以乃友干（敔）吾王身

②
叔弓鐘三 女（汝）康能乃有事眔乃②敵寮

叔弓鐘三 余用登屯（純）厚乃命

叔弓鐘四 余弗敢灋（廢）乃命

牧簋 今余唯醽豪乃命

遅父鐘 用卲乃穆

叔弓鎛 余經乃先祖

迺　𨟻　卣　丂　粤

叔弓鎛　余既尃乃心

叔弓鎛　女（汝）康能乃①又事眔乃敵寮

叔弓鎛　女（汝）康能乃又事眔乃②敵寮

叔弓鎛　余用登屯（純）厚乃命

叔弓鎛　余弗敢灋〈廢〉乃命

叔弓鐘一　余經乃先祖

叔弓鐘一　余既尃乃心

叔弓鐘一　余引猒乃心

牧簋　迺𠈇之

牧簋　迺多亂

壆盨　迺敢𠈇訊人

壆盨　迺谿宕

壆盨　迺乍（作）余一人

壆盨　迺倗即女（汝）

晉姜鼎　用康𨟻妥懷遠𫸩君子

秦公鐘　𨟻燮百邦于秦執事

師訇簋　易（賜）女（汝）䰙鬯一卣

壆盨　易（賜）女（汝）䰙鬯一卣

牧簋　易（賜）女（汝）䰙鬯一卣

## 【丂部】

雝公諴鼎　孳乳爲考　用追享考于皇祖考

召仲考父壺　召仲考父自乍（作）壺

粤鐘　易（賜）粤金十匀（鈞）

粤鐘　粤敢拜䭫首

## 寧

晉姜鼎 余不叚（暇）妄（荒）寧

## 【可部】

## 可

戉王者旨於睗鐘 隹以樂可

## 【兮部】

## 乎

瘋鼎 孳乳爲乎（呼）爲評 王評虢叔召瘋

鄦簋蓋 王乎（呼）内史册命鄦

牧簋 王乎（呼）内史吴册令牧

寰鼎 王乎（呼）史減册賜寰

何簋 乎（呼）虢中（仲）入右何

鄦簋簋 王乎（呼）内史册命鄦

南宮中鼎一 中評歸生鳳于王

南宮中鼎二 中評歸生鳳于王

蔡簋 王乎（呼）史[illegible]册令（命）蔡

## 【亐部】

## 于

南宮中鼎一 埶于寶彝

南宮中鼎二 中評歸生鳳于王

中甗 氒又舍女（汝）[illegible]量至于女庸

豐鼎 王迖于乍（作）册般新宗

豐乍（作）父丁簋 遘于武乙彡日

[illegible]啇父癸鼎

南宮中鼎一
中評歸生鳳于王

南宮中鼎二
埶于寶彝

厚趠方鼎
隹王來各于成周年

師秦宮鼎
王各于享廟

敔簋
王各于成周大廟

敔簋　王令敔追御（襲）于
上洛熜谷

厚趠方鼎
厚趠又償于濼公

中鼎
易（賜）于武王作臣

雁公誠鼎
用追享考于皇祖考

夌鼎
王至于⿺辶必应

夌鼎
王⿺辶必于楚麓

師秦宮鼎
王□□于師秦宮

史伯碩父鼎　史伯碩父追考
于朕皇考釐中王母泉女尊鼎

微䜌鼎
䜌用享孝于朕皇考

都于子斯匠一
都于子斯自作旅匠

都于子斯匠二
都于子斯又自作旅匠

秦簋
伊徃于辛史

師毛父簋
王各于大室

㠱簋
其子子孫永寶用享于宗室

己酉簋
戍尊宜于召

虢姜簋蓋
用禪追孝于皇考叀中

𢦏簋蓋
王各于大室

鄕簋蓋
王各于宣射

鄕簋
王各于宣射

師獸簋
乃祖考有于我家

敔簋
至于伊班

敔簋
啚于榮伯之所

敔簋
于熜衣

敔簋
于敜五十田

敔簋
于早五十田

師訇簋
古（故）亡承于先王

師訇簋
谷女（汝）弗以乃辟函于艱

師訇簋
王各于大室

稽卣蓋
稽從師淮父戍于古自

稽卣
稽從師淮父戍于古自

中觶蓋
王大省公族于庚

楚王酓章編鐘
寳之于西鴋

秦公鐘
匽燮百邦于秦執事

叔弓鎛
師于淄涶

叔弓鐘三
雁（膺）卹余于盟（明）卹

叔弓鎛
女（汝）肇敏于戎攻

叔弓鎛
雁（膺）卹余于盟（明）卹

叔弓鎛
余命女（汝）政于朕三軍

中觶
王大省公族于庚

楚王酓章鐘
寳之于西鴋

叔弓鐘七
至于桒

叔弓鎛
女（汝）尃余于艱卹

叔弓鎛
䎘命于外内之事

叔弓鎛
是辟于齊侯之所

叔弓鎛
又（有）共于公所

叔弓鎛
用享于其皇祖皇妣皇母皇考

叔弓鎛
至于桒

叔弓鐘一
師于淄涶

叔弓鐘一
余命女（汝）政于朕三軍

叔弓鐘二
女（汝）肇敏于戎攻

叔弓鐘三
女（汝）尃余于艱卹

叔弓鐘三
䎘命于外内之事

叔弓鐘五
是辟于齊侯之所

叔弓鐘五
又（有）共于箮武靈公之所

叔弓鐘六
用享于其皇祖皇妣皇母皇考

| 喜 | | 壴 | 嘉 | | 鼓 | | | 豆 |
|---|---|---|---|---|---|---|---|---|
| 【喜部】 |  齊莽史喜鼎 齊莽史喜作寶鼎<br> 鄦子鐘 用匽以喜 | 【壴部】 |  文考日癸卣 乃戒子壴作父癸旅宗尊彝 |  晉姜鼎 嘉遣我<br> 鄦子鐘一 用樂嘉賓大夫及我倗友<br> 戉王者旨於睗鐘 用嘉而賓客 | 【鼓部】 |  鄦子鐘 子〻孫〻永保鼓之<br> 戉王者旨於睗鐘 田〻以鼓之<br> 叔弓鐘六 皋若鐘鼓 |  叔弓鎛 皋若鐘鼓 | 【豆部】 |  姬寏母豆 静公豆<br> 單昊生豆 單昊生乍（作）羞豆 |

## 豋※

樊卣　豋

## 【豊部】

## 豊

豊鼎

## 【豐部】

## 豐

瘓鼎　王在豐

豐鼎　王商（賞）作册豐貝

豐作父丁簋　嶲[illegible][illegible]庸豐

## 【虍部】

## 虔

晉姜鼎　虔不彖（墜）

秦公鐘　虔敬朕祀

叔弓鎛　虔卹乒死事

叔弓鎛　虔卹不易

叔弓鐘一　虔卹乒死事

叔弓鐘三　虔卹不易

舟虔簋一　舟虔乍（作）旅簋

舟虔簋二　舟虔乍（作）旅簋

秦公鐘　虔夙夕剌〃𧻚〃

## 虘

伯椃簋一　伯椃虘肇乍（作）皇考剌公尊簋

伯椃簋一　伯椃虘肇乍（作）皇考剌公尊簋

塱盨　爰奪虘行道

## 虐

牧簋
亦多虐庶民

塱盨
卑（俾）復虐逐氒君

塱盨
勿使虣虐從獄

## 【虎部】

## 虎

牧簋
虎冟熏裏

塱盨
虎冟熏裏

叔弓鎛
靈力若虎

叔弓鐘五
靈力若虎

南宮中鼎一
隹王令南宮伐反虎方之年

南宮中鼎二
隹王令南宮伐反虎方之年

## 虩

秦公鐘
虩吏紭夏

叔弓鎛
虩=成唐

叔弓鐘四
虩=成唐

## 號

癲鼎
王乎（呼）號叔召癲

號姜鼎
號姜乍（作）寶尊鼎

號姜簋
號姜乍（作）寶簋

號姜簋蓋
號姜其萬年沫壽

號叔鬲一
號叔乍（作）尊鬲

號姜簋蓋
號姜其萬年眉壽

何簋
乎（呼）號仲入右何

號叔鬲二
號叔乍（作）叔殷穀尊鬲

號叔簋
號叔乍（作）寶簋

塱盨
朱號圅鞎

牧簋
朱號圅鞎

## 虣

塱盨
勿使虣虐從獄

盂 盛 齍 盄 盨 盉 益 盥 盦

## 【皿部】

**盂**

癲鼎
用乍（作）皇祖文考盂鼎

伯索史盂
伯索史乍（作）季姜寶盂

**盛**

弭仲匿　成字重見
用成（盛）朮旛穛粱

**齍**

趞鼎　从鼎　趞用乍（作）𠂤
文考父辛寶尊齍

**盄**

秦公鐘
乍（作）盄龢□

**盨**

師奐父盨一　須字重見
師奐父乍（作）旅須（盨）

塱盨
用乍（作）寶盨

叔良父盨
叔良父乍（作）旅盨

**盉**

伯玉盉
伯玉𤔲乍（作）寶盉

**益**

㝬簋　㝬作皇祖益公文公武
伯皇考龏伯鼒彝

牧簋
益伯

師訇簋
益姬

**盥**

慶叔匜
慶叔乍（作）朕子孟姜盥匜

𪃄公壺　𪃄公乍（作）爲子叔
姜□盥壺

**盦**

伯戔盦器
邛仲之孫伯戔自乍（作）盦

## 【去部】

秦公鐘　保⿱⿰業業去乎秦

## 【血部】

師訇簋　卿（向）汝及屯卹周邦

叔弓鎛　虔卹乎死事

①

叔弓鐘三　雁（膺）卹①余于盟（明）卹

②

叔弓鐘三　雁（膺）卹余于盟（明）卹②

叔弓鎛　女（汝）尃余于艱卹

叔弓鎛　女（汝）台（以）卹余朕身

叔弓鐘一　虔卹乎死事

叔弓鎛　虔卹不易

叔弓鐘三　女（汝）尃余于艰卹

叔弓鐘三　虔卹不易

①

叔弓鎛　雁（膺）卹①余于盟（明）卹

②

叔弓鎛　雁（膺）卹余于盟（明）卹②

叔弓鐘四　女（汝）台（以）卹余朕身

## 【井部】

井父丁簋　井父丁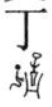

師毛父簋　井伯右

牧簋　女（汝）毋敢□□先王乍（作）明井（刑）用

# 刑

牧簋 毋敢不明不中不井（刑）

牧簋 毋敢不尹[illegible]不中不井（刑）

牧簋 孳乳爲刑 不用先王乍（作）井（刑）

牧簋 不井（刑）不中

叔弓鐘三 中專盟（明）井（刑）

秦公鐘 叡專明井（刑）

叔弓鎛 中專盟（明）刑

## 【丹部】

# 彤

寰鼎 戈琱戟[illegible]必（柲）彤沙

害簋一 易（賜）戈琱戫彤沙（緌）

害簋二 易（賜）戈琱戫彤沙（緌）

害簋三 易（賜）戈琱戫彤沙（緌）

師獸簋 易（賜）汝戈琱戟厚必〈柲〉彤[illegible]

## 【青部】

# 静

師訇簋 雩四方民亡不康静

姬奐母豆 静公

秦公鐘 鍨静不廷

## 【皀部】

# 即

寰鼎 即位

師毛父簋 師毛父即立（位）

牧簋 即立（位）

# 既

蔡簋
即立（位）

蔡簋
又（有）即令

塱盨
迺[illegible]緉即汝

雝公諴鼎
隹十又四月既死霸壬午

師秦宮鼎
隹五月既望

寰鼎
隹廿又八年五月既望庚寅

師訇簋
隹元年二月既望庚寅

師毛父簋
隹六月既生霸戊戌

牧簋
隹王七年十又三月既生霸甲

鄦簋
昔先王既命女（汝）作邑

伯克壺
隹十又六年七月既生霸乙未

鄦簋蓋
昔先王既命女（汝）作邑

牧簋
昔先王既令女（汝）作嗣士

叔弓鎛
余既專乃心

蔡簋
昔先王既令女（汝）作宰

叔弓鐘一
余既專乃心

蔡簋
隹元年既望丁亥

# 宣

牧簋
虎宣熏裏

塱盨
虎宣熏裏

## 【㿝部】

# 㿝

師訇簋
易（賜）女（汝）秬㿝一卣

牧簋
易（賜）女（汝）秬㿝一卣

塱盨
易（賜）女（汝）秬㿝一卣

# 爵

爵父乙簋

爵亥父癸匜

爵父乙爵

## 𩰪

爵父丁卣

師訇簋 易（賜）女（汝）𩰪鬯一卣

牧簋 易（賜）女（汝）𩰪鬯一卣

𡌳盨 易（賜）女（汝）𩰪鬯一卣

## 【食部】

## 𩞄

宋公䜌鼎

宋君夫人鼎

叔液鼎 叔液自乍（作）饙鼎

叔夜鼎 叔夜鑄其饙鼎

伯戔盦 邛仲之孫伯戔自乍（作）饙盦

## 飤

卑□君鼎

王子吳鼎 自乍（作）飤䵼

弭仲𠤳 □具旨飤

弭仲𠤳 者友□飤具（□）

## 饗

弭仲𠤳 不从食 卿字重見 用卿（饗）大正

## ※𩚵

叔弓鎛 其配襄公之妣而𩚵公之女

叔弓鐘五 其配襄公之妣而𩚵公之女

## ※𩟗

𣜩卣 王初𩟗旁

## 今

【亼部】

中鼎 今眖畀女（汝）福土

鄭簋蓋 今余隹𤕌𩫖乃命

牧簋 今余隹𤕌𩫖乃命

鄭簋 今余隹𤕌𩫖乃命

師訇簋 今余隹𤕌𩫖乃命

牧簋 今余隹或𣪕改

蔡簋 今余隹𤕌𩫖乃命

師訇簋 今日天疾畏降喪

牧簋 今[illegible]司匐厥辠召故

## 舍

中甗 厥又舍女（汝）[illegible]量至于女庸

## 入

【入部】

中鼎 兹福人入史

何簋 乎（呼）虢仲入右何

蔡簋 宰曶入右蔡

寰鼎 入門

𢦏簋蓋 穆公入右𢦏

㪤簋 武公入右㪤

蔡簋 出入姜氏令

蔡簋 毋敢疾又（有）入

牧簋 公㫃組入右牧

## 内

内叔鼎

内公匜 内公乍（作）鑄寶匜

師訇簋 榮内右訇

塱盨
善效乃友内辟

鄦簋蓋
王乎（呼）内史册命鄦

牧簋
王乎（呼）内史吴册令牧

鄦簋蓋
毛伯内門

鄦簋蓋
毛伯内門

鄦簋
王乎（呼）内史册命鄦

師毛父簋
内史□册命

鄦簋
毛伯内門

敔簋
南淮尸遱殳

師獸簋
東栽内外

蔡簋
嗣王家外内

叔弓鐘三
⿰非丮命于外内之事

叔弓鎛
外内剴辟

叔弓鐘六
外内剴辟

## 【缶部】

# 缶

京姜鬲
其永缶（寶）用

## 【矢部】

# 射

害簋一
官嗣尸僕小射底

害簋二
官嗣尸僕小射底

害簋三
官嗣尸僕小射底

鄦簋蓋
王各于宣射

鄦簋
王各于宣射

医

晉姜鼎

勿法文医侯覭令

齊医盤

齊医乍（作）楚姬寶盤

齊医匜

齊医乍（作）楚姬寶匜

師艅尊

王女（如）上医

師艅鼎

王女（如）上医

應医簋

應医乍（作）姬邍母尊簋

叔弓鎛

是辟于齊医之所

遲公鐘

医父眔齊萬年沬壽

中觶蓋

王易（賜）中馬自医四

中觶器

王易（賜）中馬自医四

叔弓鎛

齊医左右

叔弓鐘五

是辟于齊医之所

叔弓鐘七

齊医左右

楚王酓章鐘

楚王酓章乍（作）曾医乙宗彝

楚王酓章編鐘

乍（作）曾医乙宗彝

※哭

單哭生豆

單哭生乍（作）羞豆

**【高部】**

高

秦公鐘

高引又慶

叔弓鎛

及其高祖

叔弓鐘四

及其高祖

[illegible]卣

高對乍（作）父丙寶尊彝

## 【冂部】

### 同

鄭簋蓋　易（賜）女（汝）赤巿同䙲黄鑾旂

鄭簋　易（賜）女（汝）赤巿同䙲黄鑾旂

牧簋　□有同事包迺多亂

## 【𩫏部】

### 𩫏

姬寏母豆　𩫏公

伯克壺　用作朕穆考後仲尊𩫏

此字疑爲壺之訛

## 【京部】

### 京

晉姜鼎　譖覃京自

京姜鬲　京姜女作尊鬲

京叔盨　京叔作盨

### 𩫨

鄭簋蓋　今余隹𤕌𩫨乃命

牧簋　今余隹𤕌𩫨乃命

鄭簋　今余隹𤕌𩫨乃命

蔡簋　今余隹𤕌𩫨乃令

師訇簋　今余隹𤕌𩫨乃令〓女（汝）叀雝我邦小大猷

## 【亯部】

### 亯

言鼎

鼎一　其子〓孫〓永用享

微䜌鼎　䜌子〓孫〓永寶用享

录旁仲駒父簋一
子=孫=永寶用享孝

雝公諴鼎
用追享考于皇祖考

微䜌鼎
䜌用享孝于朕皇考

晉姜鼎
用享用德

[illegible]鼎二
其子=孫=永用享

伯梖簋二
用享用孝

[illegible]甗
其子=孫=永用享

師秦宮鼎
王各于享廟

史伯碩父鼎
子=孫=永寶用享

史顯鼎
用追享孝

内公簋
子孫永寶用享

正考父鼎
子孫永寶用享

史顯鼎
子=孫=永寶用享

虢姜簋
其永用享

伯梖簋一
用享用孝

录旁仲駒父簋蓋
子=孫=永寶用享孝

录旁仲駒父簋二
子=孫=永寶用享孝

[illegible]生簋
子=孫=其萬年用享

及屠生簋
子=孫永寶用享考

叔倲孫父簋
子=孫=永寶用享

曩簋
其子=孫永寶用享于宗室

伯百父簋
用夙夕享

虢姜簋蓋
子=孫=永寶用享

鄦簋蓋
子=孫=永寶用享

鄦簋
子=孫=永寶用享

田季加匜器
子=孫=永寶用享

曾師盤
用孝用享

師㝬簋
㝬其萬年子=孫=永寶用享

單昊生豆
用享

伯克壺
克克其子=孫=永寶用享

# 覃 厚 良

走鐘一 走其萬年子〻孫〻永寶用享
走鐘二 走其萬年子〻孫〻永寶用享
走鐘三 走其萬年子〻孫〻永寶用享

走鐘四 走其萬年子〻孫〻永寶用享
走鐘五 走其萬年子〻孫〻永寶用享
楚王酓章鐘 其永時用享

楚王酓章編鐘 其永時用享
秦公鐘 以卲零孝享
叔弓鎛 用享于其皇祖皇妣皇母皇考

叔弓鎛 曰武靈成子〻孫〻羕（永）保用享
叔弓鐘六 用享于其皇祖皇妣皇母皇考
叔弓鐘七 曰武靈成子孫永保用享

## 【㫗部】

晉姜鼎 譖覃京𠂤

厚趠方鼎 厚趠又償于灋公
師獣簋 昜（賜）女（汝）戈戭戟厚必〈柲〉彤[illegible]
叔弓鎛 余用登屯（純）厚乃命

叔弓鐘三 余用登屯（純）厚乃命
師訇簋 隹王身厚[illegible]

## 【畗部】

叔良父盨 叔良父作旅盨

## 【亯部】

亯

戉王者旨於睗鐘

自乍（作）禾亯

啚

敔簋

啚于榮伯之所

## 【來部】

來

厚趠方鼎

隹王來各于成周年

## 【夊部】

夏

秦公鐘

虢吏緐夏

叔弓鎛

剌伐頣（夏）司

叔弓鐘四

剌伐頣（夏）司

## 【韋部】

韋

貣簋

韋子

韒※

曾師盤反書

曾師季韒用其吉金

木 榮 朱 杜 格

# 卷六

## 【木部】

木

亞父丁爵

木子工父癸爵

木觚

木父己觶

榮

敔簋
啚于榮伯之所

師訇簋
榮内右

朱

寰鼎
朱黃

害簋三
易（賜）女（汝）桒朱帶

牧簋
朱虢㔶鞃

害簋一
易（賜）女（汝）桒朱帶

何簋
朱亢

害簋二
易（賜）女（汝）桒朱帶

塱盨
朱虢㔶鞃

杜

公鋪
公作杜嫞尊鋪

格

厚趠方鼎　不从木，各字重見
隹王來各于成周年

師𩛥簋
東栽内外

齊厌盤　不从木，般字重見
齊厌作楚姬寶盤

伯戔盤
邛仲之孫伯戔自作顋盤

引觥
樂大嗣徒子ゑ之子引

鄦子鐘一
用樂嘉賓大夫及我𠈌友

戉王者旨於睗鐘
隹以樂可

中鼎
乍（作）乃采

叔弓鎛
至于楪

叔弓鐘七
至于楪

戉王者旨於睗鐘
萬楪亡（無）疆

中鼎
中對王休令（命）

師秦宮鼎
敢對揚天子丕顯休

敔簋
敔敢對揚天子休

牧簋
敢對揚王丕顯休

𣚬卣
揚尹休

中觶
中對王休

麦鼎
對揚王休

微䜌鼎
用易（賜）康勵魯休

寰鼎　敢對揚天子丕顯叚
（嘏）休令

大夫始鼎
大夫始敢對揚天子休

中甗　乎貯[illegible]言曰貯[illegible]貝日
傳[illegible]王□休

師毛父簋
對揚王休

𢦏簋蓋
對揚王休

害簋一
對揚王休命

害簋二
對揚王休命

## 格※

害簋三　對揚王休命

鄦簋蓋　敢對揚天子休命

鄦簋　敢對揚天子休命

師默簋　敢對揚皇君休

蔡簋　敢對揚天子丕顯魯休

師訇簋　敢對揚天子休

塱盨　對揚天子丕顯魯休

稽卣蓋　對揚師淮父休

稽卣　對揚師淮父休

中觶蓋　中對王休

叔弓鎛　弗敢不對揚朕辟皇君之易（錫）休命

叔弓鐘二　弗敢不對揚朕辟皇君之易（錫）休命

楚公鐘　孚格曰

## 椃※

伯椃簋一　伯椃盧肇作皇考剌工尊簋

伯椃簋二　伯椃盧肇作皇考剌工尊簋

## ⿰木甫※

叔弓鎛　伊小臣唯⿰木甫

叔弓鐘五　伊小臣唯⿰木甫

## 構※

敔簋　長構蔑首百

## 【東部】

## 東

師默簋　耤嗣我西扁東扁僕馭百工牧臣妾

師默簋　東栽內外

# 無

## 【林部】

叔液鼎
萬年無疆

王子吴鼎
其沬壽無諆

虢姜簋蓋
受福無疆

史顥鼎
顥其萬年多福無疆

㬎簋
萬年無疆

鄦簋
鄦其沬壽萬年無疆

楚王鐘
其沬壽無疆

伯戔盤
用祈沬壽萬年無疆

鄦子鐘一
萬年無諆

叔邦父匿
子=孫=其萬年無疆

及屠生簋
其萬年無疆

雝公諴鼎
萬年無疆

叔夜鼎
用祈沬壽無疆

夌鼎
無遣

史伯碩父鼎
萬年無疆

微䜌鼎
其萬年無疆

晉姜鼎
萬年無疆

正考父鼎
其萬年無疆

亞無壽乍（作）父己甗

弭仲匿
弭仲受無疆福

叔倲孫父簋
萬年無疆

鄦簋蓋
鄦其沬壽萬年無疆

曾師盤
□福無疆

慶叔匜
男女無期

田季加匜器
其萬年無畺（疆）

𬀪公壺
它（迤）巸（熙）受福無期

召仲考父壺
萬年無疆

# 楚

伯克壺 克用匄沫壽無疆

秦公鐘 沬壽無疆

麥鼎 王逘于楚麓

麥鼎 令小臣麥先省楚应

楚王鐘 楚王賸邛仲嬭南穌鐘

楚王酓章鐘 楚王酓章乍（作）曾厌乙宗彝

楚公鐘 楚公逆自乍（作）大雷鎛

戠簋蓋 楚走馬

齊厌盤 齊厌乍（作）楚姬寶盤

齊厌匜 齊厌乍（作）楚姬寶匜

# 麓

麥鼎 說文古文从录 王逘于楚麓

# ※⿱艹楚

遲父鐘 遲父乍（作）姬齊姜穌⿱艹楚鐘

## 【才部】

# 才

隹叔鼎 孳乳爲在 才（在）皕宮

蔡簋 王才（在）減应

牧簋 才（在）師汓父宮

瘨鼎 王才（在）豐

敔簋 王才（在）成周

中鼎 王才（在）寒餗

友史鼎 才（在）二月

叔弓鐘一 隹王五月辰才（在）戊寅

寯卣 才（在）九月

麥鼎 王才（在）成周

微䜌鼎 王才（在）宗周

寰鼎 王才（在）周康穆宮

大夫始鼎 王才（在）穌宮

大夫始鼎 王才（在）華宮

大夫始鼎 王才（在）邦宮

大夫始鼎 王才（在）邦

伯椃簋一 畯才（在）立（位）

伯椃簋二 畯才（在）立（位）

己酉簋 才（在）九月

害簋一 王才（在）屖宮

害簋二 王才（在）屖宮

害簋三 王才（在）屖宮

鄦簋蓋 王才（在）周卲宮

鄦簋 王才（在）周卲宮

牧簋 王才（在）周

寓卣蓋 才（在）

寓卣蓋 才（在）九月

寓卣 才（在）

文觥器 才（在）十月又三

秦公鐘 不家才（在）上

秦公鐘 畯疐才（在）立（位）

叔弓鎛 辰才（在）戊寅

叔弓鎛 又敢（儠）才（在）帝所

叔弓鐘四 又敢〈儠〉才（在）帝所

何簋 王才（在）華宮

燓卣 辰才（在）庚申

燓卣 才（在）□服

師訇簋 哀才（哉）

# 之

## 【之部】

卑[illegible]君鼎

宋君夫人鼎

君季鼎
子孫永寶用之

叔液鼎
永壽用之

子員公壺
孫永保用之

𨛭子鐘一
子=孫=永保鼓之

伯戔盨器
邛仲之孫伯戔自作饋盨

伯戔盤
邛仲之孫伯戔自作顋盤

魯正叔盤　魯正叔之[illegible]乍
（作）鑄其御[illegible]

引觥
樂大嗣徒子[illegible]之子引

王子吳鼎
子=孫=永保用之

弭仲匡
擇之金

敔簋
啚于榮伯之所

南宮中鼎一
唯王令南宮伐反虎方之年

南宮中鼎二
唯王令南宮伐反虎方之年

牧簋
迺[illegible]之[illegible]

伯戔盨器
永保用之

黃季舟
黃季之季□[illegible]用其吉金

黃季舟
其永用之

伯戔盤
子=孫=永寶用之

慶叔匜
子=孫=羕〈永〉保用之

[illegible]仲盉
子=孫=其永用之

宋公鐘一
宋公戌之訶鐘

宋公鐘二
宋公戌之訶鐘

宋公鐘三
宋公戌之訶鐘

宋公鐘四
宋公戌之訶鐘

宋公鐘五
宋公戌之訶鐘

宋公鐘六
宋公戌之訶鐘

楚王鐘
子孫永保用之

楚王酓章鐘
竂之于西旟

楚王酓章編鐘
竂之于西旟

叔弓鎛
簫成朕師旟之政德

叔弓鎛　弗敢不對揚朕辟皇君之易（錫）休命

叔弓鎛
䵼命于外内之事

叔弓鎛　雁（應）受君公之易（錫）光

叔弓鎛
處禹之堵

叔弓鎛
丕顯穆公之孫

①
叔弓鎛　其配襄公之①妣而鍼公之女

叔弓鎛
是辟于齊𥎦之所

叔弓鐘二　弗敢不對揚朕辟皇君之易（錫）休命

叔弓鐘三
䵼命于外内之事

叔弓鐘四　雁（應）受君公之易（錫）光

叔弓鐘五
處禹之堵

叔弓鐘五
丕顯穆公之孫

①
叔弓鐘五　其配襄公之①妣而鍼公之女

②
叔弓鐘五　其配襄公之妣而鍼公之②女

叔弓鐘五
是辟于齊𥎦之所

戉王者旨於睗鐘
田〃以鼓之

戉王者旨於睗鐘
用之勿相

②
叔弓鎛　其配襄公之妣而鍼公之②女

叔弓鐘一
簫成朕師旟之政德

叔弓鐘五
有共于箮武靈公之所

## 【巿部】

# 帀 師

豐作父丁簋
帀

豐作父丁簋
帀子

師奐父鼎

師秦宮鼎

師毛父簋
師毛父即立（位）

師餘鼎
師餘從

師餘鼎
易（賜）師餘金

師餘尊
師餘從

師餘鼎
易（賜）師餘金

師□鬲
師□作寶鬲

①
師望簋
大師①小子師望作𩰫彝

②
師望簋
大師小子師②望作𩰫彝

師奐父盨一
師奐父作旅盨

師奐父盨二
師奐父作旅盨

①
師望盨
大師①小子師望作𩰫彝

②
師望盨
師小子師②望作𩰫彝

師猷簋
師猷

師訇簋
師訇

師訇簋
師訇

牧簋
才（在）師汓父宮

曾師盤
曾師季䡅用其吉金

𡎸盨
雩邦人正人師氏人

𡎸盨
卑（俾）復虐逐氒君氒師

伯克壺
伯大師易（賜）伯克僕卅夫

稽卣
稽從師淮父戍于古自

稽卣蓋
對揚師淮父休

稽卣器
稽從師淮父戍于古自

稽卣器
對揚師淮父休

叔弓鎛
師于淄涶

叔弓鐘一

箭成朕師旟之政德

叔弓鐘二

雩氒行師

叔弓鎛

箭成朕師旟之政德

叔弓鎛

雩氒行師

叔弓鎛

女（汝）㝅勞朕行師

叔弓鎛

敗氒靈師

叔弓鐘一

師于淄涶

叔弓鐘二

女（汝）㝅勞朕行師

叔弓鐘五

敗氒靈師

## 【出部】

蔡簋

出入姜氏令

## 【𣎵部】

唯叔鼎

唯叔從王南征

敔簋

南淮尸遱殳

南宮中鼎二

王令中先省南國貫行

仲偁父鼎

伐南淮尸

南宮中鼎一

王令中先省南國貫行

中甗

王令中先省南國貫行

楚王鐘

楚王賸邛仲嬭南龢鐘

南宮中鼎一

隹王令南宮伐反虎方之年

南宮中鼎二

王令中先省南國貫行

中觶蓋

南宮貺

中觶器

南宮貺

䤈※　生　華

䤈仲奠父簋
䤈仲奠父乍（作）尊簋

## 【生部】

南宮中鼎一
中訏歸生鳳于王

及㽙生簋
及㽙生乍（作）尹姞尊簋

單㫚生豆
單㫚生乍（作）羞豆

師毛父簋
隹六月既生霸戊戌

牧簋　隹王七年十又三月既
生霸甲寅

伯克壺
隹十又六年七月既生霸乙未

戲蔡生鼎

南宮中鼎二
中訏歸生鳳于王

𢓊生簋
𢓊生貽乍（作）寶簋

叔倲孫父簋
永令彌氒生

叔弓鎛
霝生叔弓

叔弓鐘五
霝生叔弓

秦公鐘
萬生（姓）是敕孳乳爲姓

## 【華部】

何簋
王才（在）華宮

大夫始鼎
王才（在）華宮𡨦

## 【稽部】

稽　束　刺　※賣　國

稽卣蓋
稽從師淮父戍于古自

稽卣蓋
稽拜䭫首

稽卣
稽從師淮父戍于古自

稽卣
稽拜䭫首

## 【束部】

己酉簋
五唯[illegible]束

晉姜鼎
敏揚氒光剌（烈）

師訇簋　用乍（作）朕剌（烈）
祖乙伯同益姬寶簋

伯椃簋一　伯椃虘肇乍（作）
皇考剌公尊簋

秦公鐘
剌=𧻚=

友史鼎
乍（作）册友史賜賣貝

## 【口部】

南宫中鼎一　不从口，或字重見
王令中先省南國貫行

秦公鐘
竈又下國

## 【員部】

## 員

伯員鼎

## 【貝部】

## 貝

豐鼎　王商（賞）作册豐貝

稱卣器　易（賜）貝卅寽

㝑卣蓋　王易（賜）㝑貝朋

豐作父丁簋　商（賞）貝

嶲卣器　王易（賜）嶲[illegible]貝

友史鼎　作册友史易（賜）䝨貝

己酉簋　商（賞）貝十朋

豐鼎　大子易（賜）[illegible]大貝

麦鼎　小臣麦易（賜）貝易（賜）馬兩

中甗　乎貯[illegible]言曰貯[illegible]貝日傳[illegible]王□休

敔簋　䵼敔圭瓚[illegible]貝五十朋

箙貝父辛卣蓋

箙貝父辛卣

㝑卣　王易（賜）㝑貝朋

嶲卣蓋　王易（賜）嶲[illegible]貝

稱卣蓋　易（賜）貝卅寽

文[illegible]觥器　子易（賜）□貝

## 貣

戉王者旨於賜鐘　夙莫不貣（忒）

## 賸

[illegible]父簋　[illegible]父乍（作）姬獻賸簋

楚王鐘　楚王賸邛仲嬭南龢鐘

貯 賓 賚 賞 賜 買 ※儥 ※贅 朋

中甗
孚貯㕣言曰

中甗

弭仲𠤳
音王賓

戉王者旨於賜鐘
用嘉而賓客

晉姜鼎
易（賜）鹵責千兩

豐鼎　不从貝　商字重見
王商（賞）乍（作）册豐貝

賞簋
賞乍（作）文考日癸寶尊彝

秦簋
伊[illegible]賞辛史秦金

戉王者旨於賜鐘
戉王者旨於賜擇孚吉金

中甗
伯買

𢦏簋蓋
取儥五鋝

敔簋
贅敔圭瓚[illegible]貝五十朋

敔簋
贅敔圭瓚[illegible]貝五十朋

姿卣蓋
王易（賜）姿貝朋

從容庚先生將朋放於此

姿卣器
王易（賜）姿貝朋

## 【邑部】

### 邑

鄦簋蓋 昔先王既令（命）女（汝）乍（作）邑

鄦簋蓋 鼏五邑祝

鄦簋 昔先王既令（命）女（汝）乍（作）邑

鄦簋 鼏五邑祝

叔弓鎛 余命女（汝）𤔲辝釐邑

叔弓鐘二 余命女（汝）𤔲辝釐邑遝或徒四千

### 邦

晉姜鼎 余隹司（嗣）朕先姑君晉邦

秦公鐘 𤕌燮百邦于秦執事

秦公鐘 氒名曰𣅀邦

中甗 余令女（汝）史（使）小大邦

師訇簋 今余唯𤕌京乃令=女（汝）叀雝我邦小大猷

師訇簋 邦𢏚潢[illegible]

叔邦父固 叔邦父作固

𡏧盨 叔邦父

師訇簋 卿（向）女（汝）及卹周邦

𡏧盨 雩邦人正人師氏人

中甗 中省自方弄邦

大夫始鼎 王才（在）邦宮

大夫始鼎 王才（在）邦

### 都

叔弓鎛 余易（賜）女（汝）釐都𦞤劇

叔弓鐘二 余易（賜）女（汝）釐都𦞤劇

### 鄦

鄦子鐘一 鄦子盟𠂤擇其吉金

鄦子鐘二 鄦子盟𠂤擇其吉金

# 邛

伯戔盞

邛仲之孫伯戔自作饙盞

伯戔盤

邛仲之孫伯戔自作顋盤

楚王鐘

楚王媵邛仲嬭南龢鐘

# ⿰著阝※

⿰著阝于子斯叵一

⿰著阝于子斯自作旅叵

⿰著阝于子斯叵二

⿰著阝于子斯又自作旅叵

雝公諴鼎　从蚰

下⿰著阝雝公緘作尊鼎

# ⿰盍阝※

伯⿰盍阝父鼎

晉嗣徒伯⿰盍阝父

# 卷七

## 【日部】

### 日

己酉簋

隹王十祀劦日

稽卣器

隹王九祀劦日

豐作父丁簋

遘于武乙肜日

貣簋

貣作文考日癸寶尊彝

稽卣

用乍（作）文考日乙寶尊彝

文考日癸卣

文考日癸

師訇簋

今日天疾畏降喪

大夫始鼎

用乍（作）文考日己寶鼎

中甗

𠂤貯𡆥言曰貯𠂤貝日傳𠂤王□休

豐作父丁簋

隹王六祀肜日

㝬卣蓋

隹王九祀劦日

稽卣蓋

用乍（作）文考日乙寶尊彝

戉王者旨於賜鐘

吉日丁亥

### 早

敔簋

于早五十田

### 晉

伯䣄父鼎

晉嗣徒伯䣄父

晉姜鼎

晉姜曰

晉姜鼎

余隹司（嗣）朕先姑君晉邦

晉姜鼎

晉姜用祈𩏂綰沫壽

## 昂

敔簋　内伐洭昂參泉裕敏陰陽洛

## 昔

鄦簋蓋　昔先王既令（命）女（汝）乍（作）邑

蔡簋　昔先王既令女（汝）乍（作）宰

牧簋　昔先王既令女（汝）乍（作）嗣士

鄦簋　昔先王既令（命）女（汝）乍（作）邑

## 【旦部】

## 旦

寰鼎

師毛父簋　旦

蔡簋　旦

叔旦簋　叔旦乍（作）寶簋

## 【㫃部】

## 㫃

害簋一　孳乳爲旂　㫃（旂）鋚勒

害簋二　㫃（旂）鋚勒

害簋三　㫃（旂）鋚勒

## 旟

叔弓鎛　簫成朕師旟之政德

叔弓鐘一　簫成朕師旟之政德

## 旂

害簋一　不从斤，㫃字重見　㫃（旂）鋚勒

何簋　緣旂

㦰簋蓋　鑾旂

# 旅

鄦簋

鑾旂

牧簋

旂

鄦簋蓋

黃鑾旂　易（賜）汝赤市冋睘

袁鼎

鑾旂鋚勒　用旅爲旂

絲駒父鼎

絲駒父乍（作）旅鼎

弭伯匜

弭伯乍（作）旅匜

敫乍（作）父辛卣蓋

敫乍（作）父辛旅彝

伯員鼎

伯溫父甗

伯溫父乍（作）旅獻（甗）

史[illegible]父甗

史[illegible]父乍（作）旅甗

鄀于子斯臣一

鄀于子斯自乍（作）旅臣

鄀于子斯臣二

鄀于子斯又自乍（作）旅臣

仲酉父簋蓋

仲酉父乍（作）旅簋

中言父簋蓋

中言父乍（作）旅簋

師奐父盨一

師奐父乍（作）旅須（盨）

師奐父盨二

師奐父乍（作）旅須（盨）

叔良父盨

叔良父乍（作）旅盨

叔匜

叔乍（作）旅匜

孟皇父匜

孟皇父乍（作）旅匜

仲姞匜

仲姞義母乍（作）旅匜

敫乍（作）父辛卣

敫乍（作）父辛旅彝

中觶蓋

孱旅

中觶器

孱旅

文考日癸卣

乃戒子壴乍（作）父癸旅宗尊彝

舟虔簋一

舟虔乍（作）旅簋

舟虔簋二

舟虔乍（作）旅簋

引觥

乍（作）旅觥

# 族

中觶蓋

王大省公族于庚

中觶器

王大省公族于庚

## ⿸㫃兒※

中⿰瓦鬳
⿸㫃兒

## ⿸㫃斷※

叔液鼎 从㫃斷聲
用⿸㫃斷（祈）沫壽

## ⿸㫃稻※

弭仲⿷匚古
用成（盛）米⿸㫃稻糕粱

## ⿸㫃迥※

叔弓鎛
數龢三軍徒⿸㫃迥

叔弓鐘一
數龢三軍徒⿸㫃迥

## 【晶部】

## 參

敔簋
內伐洹昂參泉裕敏陰陽洛

## 【月部】

## 月

琟叔鼎
隹八月

害簋三
隹四月初吉

伯克壺
隹十又六年七月既生霸乙未

瘨鼎
隹三年四月庚午

晉姜鼎
隹王九月乙亥

伯戔盤
隹正月初吉丁亥

敔簋
隹王十又一月

寓卣器
才（在）九月

寓卣蓋
才（在）九月

叔液鼎　隹五月庚申

仲[illegible]父鼎　唯王五月初吉丁亥

王子吴鼎　隹正月初吉丁亥

中鼎　隹十又三月庚寅

㚟鼎　正月

雝公諴鼎　隹十又四月既死霸壬午

師秦宫鼎　隹五月既望

史伯碩父鼎　隹六年八月初吉己巳

微䜌鼎　隹王廿又三年九月

寰鼎　隹廿又八年五月既望庚寅

友史鼎　才（在）二月

正考父鼎　隹四月初吉

大夫始鼎　隹三月初吉甲寅

史[illegible]父甗　隹六月初吉

伯庶父簋　隹二月戊寅

散季簋　隹王四年八月初吉丁亥

秦簋　六月初吉癸卯

己酉簋　才（在）九月

師毛父簋　隹六月既生霸戊戌

𢦏簋蓋　隹正月乙巳

害簋一　隹四月初吉

害簋二　隹四月初吉

鄦簋蓋　隹二年正月初吉

鄦簋　隹二年正月初吉

師訇簋　隹王元年正月初吉丁亥

敔簋　隹王十月

師訇簋　隹元年二月既望庚寅

牧簋　隹王七年十又三月既生霸甲寅

召仲考父壺　隹六月初吉丁亥

文[illegible]觥器　才（在）十月又三

# 霸 期 有 明

鄦子鐘一

隹正月初吉丁亥

鄦子鐘二

隹正月初吉丁亥

楚王鐘

隹正月初吉丁亥

何簋

隹三月初吉庚午

[illegible]卣

隹十又二月

楚公鐘

隹八月甲申

叔弓鎛

隹王五月

叔弓鐘一

隹王五月辰才（在）戊寅

戉王者旨於賜鐘

隹正月甬（仲）春

雝公諴鼎

隹十又四月既死霸壬午

師毛父簋

隹六月既生霸戊戌

牧簋　隹王七年十又三月既

生霸甲寅

慶叔匜

男女無期

曩公壺

它（迤）配（熙）受福無期

## 【有部】

師獸簋　以又爲有，又字重見

乃祖考有𡧊于我家

虗父鼎二

有女（汝）多兄

虗父鼎一

有女（汝）多兄

師獸簋

女（汝）有隹小子

牧簋

□有同事

叔弓鐘五

咸有九州

## 【明部】

晉姜鼎

巠雝明德

師訇簋

敬明乃心

秦公鐘

穆〓帥秉明德

# 盟

秦公鐘
叡尃明井（刑）

牧簋
毋敢不明不中不井（刑）

牧簋
作明井（刑）用

塱盨
敬明乃心

## 【囧部】

叔弓鎛
中尃盟（明）刑

叔弓鎛
雁（膺）卹余于盟（明）卹

叔弓鐘三
中尃盟（明）刑

叔弓鐘三
雁（膺）卹余于盟（明）卹

## 【夕部】

# 夕

伯百父簋
用夙夕享

蔡簋
敬夙夕

塱盨
敬夙夕勿灋朕命

牧簋
敬夙夕勿灋朕令

秦公鐘
虔夙夕剌〓趄〓

文考日癸卣
其以父癸夙夕卿爾百婚遘

# 夜

叔夜鼎
叔夜鑄其饙鼎

師獸簋
敬乃夙夜用事

叔弓鎛
女（汝）不彖夙夜

叔弓鐘一
女（汝）不彖夙夜

## 夤

秦公鐘
嚴龔夤天命

## 外

師獣簋
東栽內外

蔡簋
嗣王家外內

叔弓鎛
外內剴辟

叔弓鎛
䎘命于外內之事

叔弓鐘三
䎘命于外內之事

叔弓鐘六
外內剴辟

## 夙

伯百父簋
用夙夕享

文考日癸卣
其以父癸夙夕卿爾百婚遘

塱盨
敬夙夕勿灋朕命

牧簋
敬夙夕勿灋朕令

秦公鐘
虔夙夕剌=趄=

師獣簋
敬乃夙夜用事

蔡簋
敬夙夕

叔弓鎛
女（汝）不彖夙夜

叔弓鐘一
女（汝）不彖夙夜

戉王者旨於賜鐘
夙莫不貣（忒）

## 【多部】

## 多

史顯鼎
顯其萬年多福無疆

姬寏母豆
永命多福

秦公鐘
以受屯（純）魯多釐

虘父鼎二
有女（汝）多兄

虘父鼎一
有女（汝）多兄

牧簋
迺多𤔲

中甗　孚又舍女（汝）𠦪量至于女庸小多𠂤

牧簋　亦多虐庶民

召仲考父壺　多福滂

遲父鐘　乃用祈匄多福

秦公鐘　以受多福

【毌部】

## 貫

南宮中鼎一　王令中先省南國貫行

南宮中鼎二　王令中先省南國貫行

中甗　王令中先省南國貫行

晉姜鼎　卑貫通𢓊

【马部】

## 圅

師訇簋　谷女（汝）弗以乃辟圅于艱

## 甬

塱盨　金甬

戉王者旨於賜鐘　唯正月甬（仲）春

## ※[illegible]

牧簋　朱虢[illegible]靳

塱盨　朱虢[illegible]靳

謝明文釋爲報

【𠧪部】

## 齊

齊莽史鼎　齊莽史喜乍（作）寶鼎

齊侯匜　齊侯乍（作）楚姬寶匜

叔弓鐘五　是辟于齊侯之所

齊侯盤　齊侯乍（作）楚姬寶盤

遲父鐘　遲父乍（作）姬齊姜龢禁鐘

遲公鐘　侯父眔齊萬年沫壽　子=孫=亡彊寶

叔弓鎛　是辟于齊侯之所

叔弓鎛　齊侯左右

叔弓鐘七　齊侯左右

帛女鬲　𡥝乳爲齍　帛女乍（作）齍鬲

## 【鼎部】

## 鼎

師奐父鼎

虢姜鼎　虢姜乍（作）寶尊鼎

師秦宮鼎　用乍（作）尊鼎

晉姜鼎　用乍（作）寶尊鼎

微緐鼎　緐乍（作）朕皇考𩰫彝尊鼎

絲駒父鼎

中鼎

内叔鼎

叀鼎

伯郲父鼎

堆叔鼎　乍（作）寶鬲鼎

君季鼎

𦤎鼎一　自乍（作）寶鼎

𦤎鼎二　自乍（作）寶鼎

仲𢦏父鼎　用乍（作）寶鼎

# ※齍 ※鼾 ※䵼

癲鼎 用乍（作）皇祖文考盂鼎

雝公諴鼎 下都雝公諴乍（作）尊鼎

史伯碩父鼎 史伯碩父追考于朕皇考釐中王母泉女尊鼎

史顯鼎 史顯乍（作）朕皇考釐中王母泉女尊鼎

寰鼎 用乍（作）朕皇考奠伯姬尊鼎

虘父鼎一 虘父乍（作）[illegible]寶鼎

虘父鼎二 虘父乍（作）[illegible]寶鼎

大夫始鼎 用乍（作）文考日己寶鼎

得鼎

鼎父己尊

王伯鼎

王子吳鼎 自乍（作）飤鼾 从鼎从于

翼簋 翼乍（作）皇祖益公文公武伯皇考龏伯䵼彝

豊鼎

中鼎 䵼父乙尊

微緣鼎 緣乍（作）朕皇考䵼彝尊鼎

師望盨 大師小子師望乍（作）䵼彝

孟[illegible]鼎 孟[illegible]乍（作）䵼彝

師望簋 大師小子師望乍（作）䵼彝

師[illegible]簋 省鼎 用乍（作）朕文考乙仲䵼簋

## 【克部】

## 克

師訇簋
首德不克妻

師訇簋
首德不克妻

伯克壺
伯大師易（賜）伯克僕卅夫

伯克壺
伯克敢對揚天右王伯友

①
伯克壺
克①克其子=孫=永寶用享

伯克壺
克用匄沫壽無疆

②
伯克壺
克克②其子=孫=永寶用享

## 【录部】

## 录

史伯碩父鼎　孳乳爲禄
用祈匄百录（禄）沫壽

虢姜簋蓋
通录（禄）永令

[illegible]嫠鬲
[illegible]嫠录光庚□[illegible]孝永寶[illegible]

录旁仲駒父簋一
录旁仲駒父乍（作）仲姜簋

录旁仲駒父簋二
录旁仲駒父乍（作）仲姜簋

录旁仲駒父簋蓋
录旁仲駒父乍（作）仲姜簋

## 【禾部】

## 禾

戊王者旨於易（賜）鐘
自乍（作）禾亩

## 穆

寰鼎
王在周康穆宮

𢦏簋蓋
穆公入右𢦏

穆乍（作）父丁鼎
穆乍（作）父丁寶尊彝

遲父鐘
用卲乃穆

伯克壺　用乍（作）朕穆考𠑇
仲尊𩰫

鄦子鐘一
穆龢鐘

# 年

鄦子鐘二
穆龢鐘

秦公鐘
穆=帥秉明德

楚王酓章鐘

叔弓鐘五
丕顯穆公之孫

叔弓鎛
丕顯穆公之孫

微䜌鼎
其萬年無疆

散季簋
散季其萬年子=孫=永寶

遲公鐘　厌父罘齊萬年沬壽
子=孫=亡彊寶

虢姜鼎
其萬年永寶用

伯戔盤
用祈沬壽萬年無疆

鄦子鐘一
萬年無諆

晉姜鼎
萬年無疆

史𠬝父甗
其萬年子孫=永寶用

叔㫃簋
其萬年子=孫=永寶用

㠱公壺
沬壽萬年

叔弓鐘七
汝考壽萬年

慶叔匜
其沬壽萬年

田季加匜器
其萬年無畺（疆）

叔良父盨
其萬年子=孫=永寶用

𢦏蔡生鼎

鄭簋
隹二年正月初吉

牧簋　隹王七年十又三月既
生霸甲寅

伯鄀父鼎
其萬年永寶用

師訇簋
隹元年二月既望庚寅

叔液鼎
萬年無疆

齊萊史喜鼎
其沬壽萬年

仲𠂤父鼎
其萬年子=孫=永寶用

厚趠方鼎
隹王來各于成周年

瘨鼎
隹三年四月庚午

瘐鼎
瘐萬年永寶用

南宮中鼎一
隹王令南宮伐反虎方之年

南宮中鼎二
隹王令南宮伐反虎方之年

雝公諴鼎
萬年無疆

師秦宮鼎
□其萬年永寶用

史伯碩父鼎
隹六年八月初吉己巳

史伯碩父鼎
萬年無疆

史顯鼎
顯其萬年多福無疆

微䜌鼎
隹王廿又三年九月

袁鼎
隹廿又八年五月既望庚寅

袁鼎
袁其萬年子孫永寶用

正考父鼎
其萬年無疆

叔邦父簠
子=孫=其萬年無疆

[illegible]簋
其萬年子孫永寶用

史喪父簋蓋
其萬年永寶用

虢姜簋
隹王四年

應侯簋
其萬年永寶用

䣄仲奠父簋
其萬年子=孫=永寶用

伯椃簋一
萬年沬壽

伯椃簋二
萬年沬壽

[illegible]父簋
其萬年沬壽永寶用

散季簋
隹王四年八月初吉丁亥

徍生簋
子=孫=其萬𠬪年用享

及眉生簋
其萬年無疆

㝬簋
萬年無疆

叔倲孫父簋
萬年無疆

師毛父簋
其萬年子=孫=其永寶用

虢姜簋蓋
虢姜其萬年沬壽

鄦簋蓋
隹二年正月初吉

鄦簋蓋
鄦其沬壽萬年無疆

# 秦

鄦簋
鄦其沬壽萬年無疆

師𣄰簋
隹王元年正月初吉丁亥

師𣄰簋
𣄰其萬年子〓孫〓永寶用享

敔簋
敔其萬年子〓孫〓永寶用

蔡簋
隹元年既望丁亥

蔡簋
蔡其萬年沬壽

師訇簋
訇其萬甶年子〓孫〓永寶

牧簋
牧其萬年壽考

齊医盤
其萬年子〓孫〓永保用

伯索史盂
其萬年子孫永用

仲姞匜
其萬年子〓孫〓永寶用

齊医匜
其萬年子〓孫永保用

塱盨
叔邦父叔姞萬年子〓孫〓永寶用

伯玉盉
其萬年子〓孫〓其永寶用

召仲考父壺
萬年無疆

伯克壺
隹十又六年七月既生霸乙未

走鐘一
走其萬年子〓孫永寶用享

走鐘二
其萬年子〓孫〓永寶用享

走鐘三
走其萬年子〓孫〓永寶用享

走鐘四
走其萬年子〓孫〓永寶用享

走鐘五
走其萬年子〓孫〓永寶用享

楚公鐘
□公逆其萬年壽

夷鎛
汝考壽萬年

何簋
其萬年子〓孫〓其永寶用

㯱卣
尹其恒萬年受氒永魯亡競

師秦宮鼎

秦公鐘
秦公曰

秦公鐘
䵼燮百邦于秦執事

秦公鐘

保⿱⿰業業去氒秦

秦簋

伊⿰女丮賞辛史秦金

【米部】

弭仲簠

用成（盛）朮⿸㫃舀⿰米焦粱

弭仲簠

用成（盛）朮⿸㫃舀⿰米焦粱

【臼部】

蔡簋

宰舀入右蔡

己酉簋

⿱田帀（置）庸

【𣏟部】

散季簋

散季肇乍（作）朕王母叔姜寶簋

散季簋

散季其萬年子=孫=永寶

【宀部】

## 家

師𠭰簋
乃祖考有[illegible]于我家

師𠭰簋
余令女（汝）死我家

蔡簋
嗣王家

蔡簋
[illegible]嗣王家外内

叔弓鎛
女（汝）台（以）専戒公家

叔弓鐘三
台（以）専戒公家

叔弓鎛
女（汝）雁（應）鬲公家

叔弓鎛
釐僕三百又五十家

叔弓鐘四
釐僕三百又五十家

叔弓鐘二
女（汝）雁（應）鬲公家

## 室

寰鼎
王各大室

師毛父簋
王各于大室

師訇簋
王各于大室

𢦏簋蓋
王各于大室

牧簋
各大室

㠱簋
其子=孫永寶用享于宗室

## 宣

晉姜鼎
宣𨚕我猷

郪簋蓋
王各于宣射

郪簋
王各于宣射

## 寏

姬寏母豆
姬寏母

師寏父鼎

## 寶

伯郤父鼎
其萬年永寶用

召仲考父壺
子=孫=永寶是尚

走鐘五
走其萬年子=孫=永寶用享

录旁仲駒父簋一
子=孫=永寶用享孝

叔倲孫父簋
子=孫=永寶用享

京叔盨
其萬壽永寶用

作寶尊彝卣一
乍（作）寶尊彝

作寶尊彝卣二
乍（作）寶尊彝

□作祖乙卣蓋
□乍（作）祖乙寶尊彝

□作父己卣蓋
□乍（作）父己寶尊彝

□作父己卣器
□乍（作）父己寶尊彝

伯卣一
伯乍（作）寶尊彝

伯卣二
伯乍（作）寶尊彝

伯卣三
伯乍（作）寶尊彝

□作父乙卣
□乍（作）父乙寶彝

□作父乙卣
□乍（作）父乙寶彝

稽卣蓋
用乍（作）文考日乙寶尊彝

稽卣器
用乍（作）文考日乙寶尊彝

楚公鐘
孫子其永寶

蔡簋
子=孫永寶用

□父簋
其萬年沬壽永寶用

貣簋
貣乍（作）文考日癸寶尊彝

散季簋
散季肇乍（作）朕王
母叔寶簋

走鐘二
乍（作）朕皇祖文考寶龢

齊莽史鼎
齊莽史喜乍（作）寶鼎

南宮中鼎二
寶彝

內公簠
內公乍（作）鑄寶匠

叔旦簋
叔旦乍（作）寶簋

叔弓鐘六
弓用乍（作）鑄其寶鐘

□簋
□乍（作）寶尊彝

齊灰盤
齊灰乍（作）楚姬寶盤

齊灰匜
齊灰乍（作）楚姬寶匜

文□觥器
用乍（作）文□己寶彝

乍（作）寶鼎

□鼎

□乍父丁鼎

嗌鼎

中鼎

王伯鼎

伯咸父鼎

絲駒父鼎

言鼎

乙公鼎
子=孫=永寶

叀鼎

□蔡生鼎

伯郤父鼎
乍（作）周姬寶尊鼎

堆叔鼎
乍（作）寶鬲鼎

君季鼎
子孫用寶用之

□鼎一
自乍（作）寶鼎

□鼎二
自乍（作）寶鼎

齊莽史喜鼎
子=孫=永寶用

厚趠方鼎　趠用乍（作）氒文
考父辛寶尊齋

仲□父鼎
用乍（作）寶鼎

仲□父鼎
其萬年子=孫=永寶用

厚趠方鼎
其子=孫永寶

癲鼎
癲萬年永寶用

豐鼎
用乍（作）父己寶□

雝公諴鼎
子=孫=永寶用

麥鼎
用乍（作）季娟寶尊彝

南宮中鼎一
執于寶彝

師秦宮鼎
□其萬年永寶用

史伯碩父鼎
子=孫=永寶用享

史顯鼎
子孫=永寶用享

晉姜鼎
用乍（作）寶尊鼎

袁鼎
袁其萬年子孫永寶用

微䜌鼎
䜌子=孫=永寶用享

師艅鼎
其乍（作）氒文考寶鼎

大夫始鼎
用（作）文考日己寶鼎

大夫始鼎
孫〓子〓永寶用

師艅尊
用乍（作）氒文考寶彝

師艅鼎
孫〓子〓寶用

師艅尊
孫〓子〓寶

正考父鼎
正考父乍（作）文王寶尊鼎

正考父鼎
子孫永寶用享

虘父鼎一
虘父乍（作）[illegible]寶鼎

虘父鼎二
虘父乍（作）[illegible]寶鼎

叔姬鼎
其萬子□永寶用

穆作父丁鼎
穆乍（作）父丁寶尊彝

虢姜鼎
虢姜乍（作）寶尊鼎

虢姜鼎
其萬年永寶用

[illegible]乍父癸鼎
[illegible]乍（作）父癸寶尊彝

伯鬲
伯乍（作）寶彝

師□鬲
師□乍（作）寶鬲

聿造鬲
永寶用

[illegible]鬲
永寶用

[illegible]鬲
[illegible]录光庚□[illegible]孝永寶[illegible]

仲□父鬲
子〓孫〓□□永寶用

[illegible]鬲
其子〓孫〓永寶用

[illegible]甗
自乍（作）寶甗

史[illegible]父甗
其萬年子孫〓永寶用

弭仲�París
弭仲乍（作）寶匲

内公匲
子孫永寶用享

中甗
用乍（作）父乙寶彝

作寶尊彝簋蓋
乍（作）寶尊彝

召父簋
召父乍（作）氒□寶彝

作寶簋一
乍（作）寶彝

作寶簋二
乍（作）寶彝

作寶簋三
乍（作）寶彝

[illegible]簋
[illegible]乍（作）寶尊彝

[illegible]簋
[illegible]乍（作）寶簋

[illegible]簋
其萬年子孫永寶用

伯庶父簋
其永寶用

古乍作父丁簋
古乍（作）父丁寶尊彝

史喪父簋蓋
其萬年永寶用

虢姜簋
虢姜乍（作）寶簋

應侯簋
其萬年永寶用

鮌仲奠父簋
其萬年子=孫=永寶用

伯梡簋一
子=孫=永寶

伯梡簋二
子=孫=永寶

录旁仲駒父簋蓋
子=孫=永寶用享孝

录旁仲駒父簋二
子=孫=永寶用享孝

散季簋
散季其萬年子=孫=永寶

[illegible]生簋
[illegible]生鮐乍（作）寶簋

及屠生簋
子=孫永寶用享考

叔旦簋
其萬年子=孫=永寶用

伯百父簋
伯百父乍（作）周姜寶簋

曩簋
其子=孫永寶用享于宗室

師毛父簋
用乍（作）寶簋

師毛父簋
萬年子=孫=其永寶用

虢姜簋蓋
虢姜乍（作）寶尊簋

虢姜簋蓋
子=孫=永寶用享

㦰簋蓋
用乍（作）朕文考寶簋

害簋一
用乍（作）文考寶簋

害簋一
其子=孫=永寶用

害簋二
用乍（作）文考寶簋

害簋二
其子=孫=永寶用

害簋三
其子=孫=永寶用

叔良父盨
其萬年子=孫=永寶用

[illegible]公鋪
永寶用

鄦簋蓋
子=孫=永寶用享

鄦簋
子=孫=永寶用享

師訧簋
訧其萬年子=孫=永寶用享

敔簋
敔其萬年子=孫=永寶用

蔡簋
用乍（作）寶尊簋

師訇簋
用乍（作）朕剌祖乙 伯同益姬寶簋

師訇簋
訇其萬甶年子=孫=永寶

師訇簋
用乍（作）川宮寶

牧簋
用乍（作）朕皇文考 益伯寶尊簋

牧簋
子=孫=永寶用

姬寏母豆
永寶用

曾師盤
自乍（作）寶盤

伯索史盂
伯索史乍（作）季姜寶盂

伯戔盤
子=孫=永寶用之

寒戊匜
寒戊乍（作）寶匜

弭伯匜
其子=孫=永寶用

仲姞匜
其萬年子=孫=永寶用

田季加匜器
唯田季加自乍（作）寶匜

田季加匜器
子=孫=永寶用享

塱盨
用乍（作）寶盨

塱盨
叔邦父叔姞萬年子=孫= 永寶用

伯玉盉
伯玉[illegible]乍（作）寶盉

伯玉盉
其萬年子=孫=其永寶用

𩛥姬壺
𩛥姬乍（作）寶彝

伯克壺
克克其子=孫=永寶用享

[illegible]伯罍
[illegible]伯乍（作）寶尊彝

引觥
子=孫=永寶用

乍作父己觶　乍乍（作）父己寶尊彝

作寶尊彝尊

䀠𠦪尊　䀠𠦪乍（作）寶尊

走鐘一　走乍（作）朕皇祖文考寶龢鐘

走鐘一　走其萬年子=孫永寶用享

走鐘二　其萬年子=孫=永寶用享

走鐘三　走乍（作）朕皇祖文考寶龢鐘

走鐘三　走其萬年子=孫=永寶用享

走鐘四　走乍（作）朕皇祖文考寶龢鐘

走鐘四　走其萬年子=孫=永寶用享

走鐘五　走乍（作）朕皇祖文考寶龢鐘

遲公鐘　医父眔齊萬年沬壽子=孫=亡彊寶

秦公鐘　永寶

叔弓鎛　用乍（作）鑄其寶鎛

何簋　用乍（作）寶簋

何簋　其萬年子=孫=其永寶用

作寶尊彝簋　乍（作）寶尊彝

㸓卣　高對乍（作）父丙寶尊彝

㸓卣　其子=孫=寶用

乁伯簋　乁伯肩肇乍（作）守乍（作）寶尊彝

嗣工簋　嗣工乍（作）寶彝

# 宰　宧

叔弓鎛　宧執而政事

叔弓鐘一　宧執而政事

袁鼎　宰頵右袁

害簋一　宰屖父右害𠦪立

害簋二　宰屖父右害立

害簋三　宰屖父右害立

𩁹鐘　公令宰僕易（賜）𩁹金十勻（鈞）

蔡簋　宰舀入右蔡

守　宜　寢　客　寒　害　索

**守**

蔡簋
昔先王既令女（汝）作宰

□伯簋
□伯㫃肇乍（作）守
乍（作）寶尊彝

**宜**

己酉簋
戍□尊宜于召

秦公鐘

**寢**

友史鼎　从帚
王令寢䢅省北田四品

**客**

戉王者旨於睗鐘
用嘉而賓客

**寒**

中鼎
王在寒觫

寒戊匜
寒戊作寶匜

**害**

害簋一
辛𡱝父右害立

害簋二
辛𡱝父右害立

害簋三
王册命害曰

害簋一
王册命害曰

害簋一
害頴首

害簋二
王册命害曰

害簋二
害頴首

害簋三
辛𡱝父右害立

害簋三
害頴首

**索**

伯索史盂
伯索史作季姜寶盂

# 宕

塱盨

迺繇宕

# 宋

宋公䜌鼎

宋君夫人鼎

宋公鐘四

宋公戌之訶鐘

宋□□右鼎

宋公鐘一

宋公戌之訶鐘

宋公鐘二

宋公戌之訶鐘

宋公鐘三

宋公戌之訶鐘

宋公鐘五

宋公戌之訶鐘

宋公鐘六

宋公戌之訶鐘

伯宋簋

# 宗

豐鼎

王迻于作册般新宗

文考日癸卣　乃戒子壴乍（作）父癸旅宗尊彝

己酉簋

□宗彝

微䜌鼎

王才（在）宗周

㝬簋

其子=孫永寶用享于宗室

楚王酓章鐘

楚王酓章作曾侯乙宗彝

楚王酓章編鐘

作曾侯乙宗彝

# ※⿱宀㠯

⿱宀㠯簋蓋一

⿱宀㠯簋器一

⿱宀㠯簋蓋二

⿱宀㠯簋器二

⿱宀㠯簋

※宔

己酉簋

刃（𠃌）乳用宔

※寰

寰鼎

宰頵右寰

寰鼎

王乎（呼）史減册易（賜）寰

寰鼎

寰其萬年子孫永寶用

寰鼎

寰拜䭫首

※[宀/畀]

楚王酓章鐘

[宀/畀]之于西𪂅

楚王酓章編鐘

[宀/畀]之于西𪂅

※[宀/辟]

塱盨

善效乃友內[宀/辟]

※[宀/歹女]

[宀/歹女]卣蓋

王易（賜）[宀/歹女]貝朋

[宀/歹女]卣器

王易（賜）[宀/歹女]貝朋

※[宀/㲋殳]

牧簋

今余隹或[宀/㲋殳]改

## 【宮部】

宮

南宮中鼎一

隹王令南宮伐反虎方之年

南宮中鼎二

隹王令南宮伐反虎方之年

中觶蓋

南宮貺

寰鼎

王才（在）周康穆宮

害簋三

王才（在）屖宮

𨛜簋

王才（在）周卲宮

# 寮 竈

師秦宮鼎 王□□于師秦宮

大夫始鼎 王才（在）穌宮

大夫始鼎 王才（在）華宮

大夫始鼎 王才（在）邦宮

害簋一 王才（在）屖宮

害簋二 王才（在）屖宮

鄁簋蓋 王才（在）周卲宮

師訇簋 用乍（作）川宮寶

牧簋 才（在）師汓父宮

中觶器 南宮貺

何簋 王才（在）華宮

㙸卣 王畬（飲）西宮

楚王酓章編鐘 宮反

## 【穴部】

秦公鐘 竈又下國

牧簋 令女（汝）辟百寮

叔弓鎛 爲女（汝）敵寮

叔弓鐘二 爲女（汝）敵寮

叔弓鎛 女（汝）康能乃又事眔乃敵寮

周尸編鐘三 女（汝）康能乃有事眔乃敵寮

## 【疒部】

疾　瘨　同　兩　⿱罒要　帥

師訇簋
今日天疾畏降喪

叔弓鎛
毋疾毋已

叔弓鐘七
毋疾毋已

瘨鼎
王呼虢叔召瘨

瘨鼎
瘨萬年永寶用

## 【冂部】

師訇簋　用作朕剌（烈）祖乙
伯同益姬寶簋

## 【㒳部】

瘨鼎　與兩爲一字
易（賜）駒兩

晉姜鼎
易（賜）鹵責千兩

㚸鼎　小臣㚸易（賜）貝易
（賜）馬兩

## 【网部】

鄦簋蓋　易（賜）女（汝）赤
市同⿱罒要黄鑾旂

鄦簋　易（賜）女（汝）赤
市同⿱罒要黄鑾旂

## 【巾部】

秦公鐘
穆=帥秉明德

## 帶

害簋一
易（賜）女（汝）𠦪朱帶

害簋二
易（賜）女（汝）𠦪朱帶

害簋三
易（賜）女（汝）𠦪朱帶

## 帚

婦娰觚一

婦娰觚二

## 【市部】

## 市

寰鼎
赤市

師毛父簋
易（賜）赤市

截簋蓋
赤8市

鄭簋蓋
易（賜）汝赤市冋䍒黄鑾旂

鄭簋
易（賜）汝赤市冋䍒黄鑾旂

塱盨
乃父市

何簋
王賜何赤市朱亢鑾旂

## 【帛部】

## 帛

帛女鬲
帛女乍（作）齋鬲

## 【白部】

## 白

伯申鼎
孳乳爲伯

伯鼎

王伯鼎

伯員鼎

伯咸父鼎

叀鼎

伯鬲 伯乍（作）寶彝

伯戔盤 邛仲之孫伯戔自乍（作）頙盤

伯庶父簋 伯庶父乍（作）王姑凡姜尊簋

鄦簋 毛伯内門

師獸簋 伯龢父若曰

敔簋 啚于榮伯之所

伯𨞾父鼎 晉𤔲徒伯𨞾父

仲[illegible]父鼎 [illegible]伯[illegible]及仲[illegible]父

史伯碩父鼎 史伯碩父追考于朕皇考釐中王母泉女尊鼎

寰鼎 用乍（作）朕皇考奠伯姬尊鼎

伯[illegible]父甗 伯[illegible]父乍（作）旅獻（甗）

中甗 伯買□□□𤔲人□漢中州

伯宋簋

[illegible]伯簋 [illegible]伯肩肇乍（作）守乍（作）寶尊彝

伯梡簋一 伯梡虘肇乍（作）皇考剌公尊簋

伯梡簋二 伯梡虘肇乍（作）皇考剌公尊簋

伯百父簋 伯百父乍（作）周姜寶簋

①

㠱簋 㠱乍（作）皇祖益公、文公武伯①皇考龏伯𩱦彝

②

㠱簋 㠱乍（作）皇祖益公、文公武伯皇考龏伯②𩱦彝

師毛父簋 井伯右

鄦簋蓋 毛伯内門

鄦簋 蓋鄦用乍（作）朕皇考龏伯尊簋

鄦簋 鄦用乍（作）朕皇考龏伯尊簋

師訇簋 用乍（作）朕剌祖乙伯同益姬寶簋

牧簋 用乍（作）朕皇文考益伯寶尊簋

伯戔盨 邛仲之孫伯戔自乍（作）饋盨

伯索史盂 伯索史乍（作）季姜寶盂

弭伯匜
弭伯乍（作）旅匜

伯玉盉
伯玉[illegible]乍（作）寶盉

①
伯克壺
伯①大師易（賜）伯
克僕卅夫

②
伯克壺
伯大師易（賜）伯②
克僕卅夫

①
伯克壺
伯①克敢對揚天右王伯友

②
伯克壺
伯克敢對揚天右王伯②友

[illegible]伯罍
[illegible]伯乍（作）寶尊彝

伯卣一
伯乍（作）寶尊彝

伯卣二
伯乍（作）寶尊彝

伯卣三
伯乍（作）寶尊彝

[illegible]伯尊
[illegible]伯[illegible]乍（作）尊彝

## 【黹部】

# 黹

袁鼎
玄衣黹純

害簋一
玄衣黹純

害簋二
玄衣黹純

害簋三
玄衣黹純

# 卷八

## 【人部】

### 人

師訇簋　尸𠂤三百人

塱盨　用辟我一人

宋君夫人鼎

中鼎　丝禍人入史

①

塱盨　雩邦人①正人師氏人

②

塱盨　雩邦人正人②師氏人

③

塱盨　雩邦人正人師氏人③

中甗　氒人𠂤廿夫

敔簋　奪孚（俘）人四百

蔡簋　女（汝）弗善效姜氏人

中甗　伯買□□□氒人□漢中州

塱盨　迺作余一人𠂹

塱盨　迺敢医訊人

### 保

王子吴鼎　子=孫=永保用之

無子鐘一　子=孫=永保鼓之

㠱公壺　子孫永保用之

師訇簋　臨保我氒周

慶叔匜　羕（永）保其身

慶叔匜　子=孫=羕（永）保用之

齊厌盤　其萬年子=孫=永保用

叔弓鐘七　曰武靈成子孫永保用享

齊厌匜　其萬年子=孫永保用

# 仲 伯

晉姜鼎 畯保其孫子

㠱公壺 永保其身

伯戔盦 永保用之

楚王鐘 子孙永保用之

秦公鐘 保[illegible]氒秦

叔弓鎛 羕（永）保其身

叔弓鎛 子〓孫〓羕（永）保用亯

叔弓鐘七 永保其身

伯申鼎 白字重見

弭仲匿 不从人，中字重見 弭仲乍（作）寶匿

仲言父簋蓋 仲言父乍（作）旅簋

[illegible]仲盉 [illegible]仲者友用其吉金

史伯碩父鼎 史伯碩父追考于朕皇考釐仲

史顯鼎 史顯乍（作）朕皇考釐仲王母泉母尊鼎

虢姜簋蓋 用禪追孝于皇考叀仲

仲酉父甗 仲酉父肇乍（作）甗

仲酉父簋蓋 仲酉父乍（作）旅簋

[illegible]仲奠父簋 [illegible]仲奠父乍（作）尊簋

① 录旁仲駒父簋蓋 录旁仲①駒父乍（作）仲姜簋

② 录旁仲駒父簋蓋 录旁仲駒父乍（作）仲②姜簋

師訊簋 用乍（作）朕文考乙仲齍簋

召仲考父壺 召仲考父自乍（作）壺

仲□父鬲 仲□父乍（作）尊□

① 录旁仲駒父簋一 录旁仲①駒父乍（作）仲姜簋

伯戔盦 邛仲之孫伯戔自乍（作）饋盦

伯戔盤 邛仲之孫伯戔自乍（作）顯盤

楚王鐘 楚王媵邛仲嬭南龢鐘

# 付　位　何　伊

弭仲匿

弭仲受無疆福

弭仲匿

弭仲畀壽

何簋

乎（呼）虢仲入右何

仲姞匜

仲姞義母乍（作）旅匜

伯克壺

用乍（作）朕穆考後仲尊𩫖

仲[illegible]父鼎　[illegible]伯[illegible]及仲[illegible]父

伐南淮尸

②

录旁仲駒父簋一　录旁仲駒父

乍（作）仲②姜簋

①

录旁仲駒父簋二　录旁仲①駒

父乍（作）仲姜簋

②

录旁仲駒父簋二　录旁仲駒父

乍（作）仲②姜簋

姬寏母豆

魯仲馭省伯、

秦簋

伊[illegible]祉于辛史

秦簋

伊[illegible]商（賞）辛史秦金

敔簋

至于伊班

叔弓鎛

伊小臣唯補（輔）

叔弓鐘五

伊小臣唯補（輔）

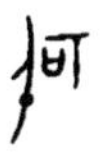

何觶

何乍（作）埶[illegible]丁辛尊彝

何簋

乎（呼）虢仲入右何

何簋

王易（賜）何赤市

何簋

何拜頧首

袁鼎　不从人，立字重見

即位

敔簋

復付氒君

散

叀鼎

叀作散伯娟氏卜鼎

微䜌鼎　孳乳爲微

王命微䜌兼司九陂

作

乙鼎不从人乍字重見

卑

塱盨　不从人，卑字重見

卑（俾）復虐逐氒君

使

敔簋　不从人　事字重見

使尹氏受

傳

中甗

貯貝日傳王□休

伐

仲𢓊父鼎

伐南淮尸

南宮中鼎一

隹王令南宮伐反虎方之年

南宮中鼎二

隹王令南宮伐反虎方之年

敔簋

内伐洹昂參泉裕敏陰陽洛

叔弓鐘四

剬伐頣（夏）司

叔弓鎛

剬伐頣（夏）司

孚

仲𢓊父鼎　不从人，孚字重見

孚金

弔

隹弔（叔）鼎

隹弔（叔）從王南征

内叔鼎

虢弔（叔）鬲一

虢弔（叔乍（作）尊鬲

叔匜

弔（叔）乍（作）旅匜

②

塱盨　弔（叔）邦父、弔（叔）②姞萬年子=孫=永寶用

魯正弔（叔）盤　魯正弔°（叔）之乍（作）鑄其御

## 【匕部】

慶叔匜 慶弔（叔）乍（作）朕子孟姜盥匜

①
塱盨 弔（叔）①邦父弔（叔）姞萬年子=孫=永寶用

叔液鼎一 弔（叔）液自乍（作）饙鼎

叔夜鼎 弔（叔）夜鑄其饙鼎

瘨鼎 王乎（呼）虢弔（叔）召瘨

叔姬鼎 [illegible]金父乍（作）叔姬寶尊鼎

①
虢叔鬲二 虢弔（叔）①乍（作）叔殷穀尊鬲

②
虢叔鬲二 虢弔（叔）乍（作）弔（叔）②殷穀尊鬲

叔邦父⿷匚古 叔邦父乍（作）⿷匚古

虢叔簋 虢弔（叔）乍（作）

散季簋 散季肇乍（作）朕王母弔（叔）姜寶簋

叔旦簋 叔旦乍（作）寶簋

叔倈孫父簋 弔（叔）倈孫父乍（作）孟姜尊簋

京叔盨 弔（叔）乍（作）[illegible]盨

叔良父盨 叔良父乍（作）旅盨

叔弓鎛 雩生叔弓

僰卣 尹易（賜）臣雀僰

叔倈孫父簋 叔倈孫父乍（作）孟姜尊簋

厚趠方鼎 厚趠又儐于灋公

# 真

南宮中鼎一　字範顛倒

在〓隮真山

南宮中鼎二

在〓隮真山

## 【匕部】

# 匕

〓姒丁爵

孳乳爲妣

亞妣辛尊

咸妣癸尊

## 【从部】

# 從

唯叔鼎

唯叔從王南征

稽卣蓋

稽從師淮父戍于古𠂤

稽卣

稽從師淮父戍于古𠂤

叔邦父𠤳

用從君王

師艅鼎

師艅從

单〓鼎二

塱盨

勿使戲虐從獄

蔡簋

勿使敢又（有）庆止從獄

單光盉蓋

單〓乍（作）從彝

單〓甗

單〓乍（作）從彝

單〓簋

單〓乍（作）從彝

單〓簋

單〓乍（作）從彝

單〓盉器

單〓從彝

單〓觚

師艅尊

師艅從

乍（作）從單尊

从止

# 北

## 【北部】

袁鼎
北鄉

𢦏簋蓋
北卿（鄉）

友史鼎
王令寢農省北田四品

# 望

## 【壬部】

師秦宮鼎
隹五月既望

蔡簋
隹元年既望丁亥

師訇簋
隹元年二月既望庚寅

袁鼎
隹廿又八年五月既望庚寅

師望簋
大師小子師望乍（作）䵼彝

師望盨
大師小子師望乍（作）䵼彝

# 量

## 【重部】

中甗　氒又舍女（汝）[illegible]量
至于女庸

# 臨

## 【臥部】

師訇簋
臨保我氒周

## 【身部】

## 身

師訇簋
隹王身厚[illegible]

師訇簋
率以乃友干（敔）吾王身

慶叔匜
羕（永）保其身

㠱公壺
永保其身

叔弓鎛
女（汝）台（以）卹餘朕身

叔弓鐘七
永保其身

叔弓鎛
羕（永）保其身

叔弓鐘四
女（汝）台（以）卹余朕身

## 【㐆部】

## 殷

虢叔鬲二
虢叔乍（作）叔殷穀尊鬲

## 【衣部】

## 衣

寰鼎
玄衣黹純

敔簋
于烋衣

蔡簋
易（賜）女（汝）玄衮衣

害簋一
玄衣黹純

害簋二
玄衣黹純

害簋三
玄衣黹純

戠簋蓋　易（賜）女（汝）戠（織）玄衣

## 衮

蔡簋
易（賜）女（汝）玄衮衣

## 裏

牧簋
虎冟熏裏

塱盨
虎冟熏裏

## 褱

晉姜鼎　孳乳爲懷
用康𩂢妥懷遠𤼷君子

## 襄

叔弓鎛
其配襄公之妣而餀公之女

叔弓鐘五
其配襄公之妣而餀公之女

## 裕

敔簋
内伐洭昂參泉裕敏陰陽洛

## 衺※

衺父乙鼎

## 褔※

中鼎
王令大史貺褔土

中鼎
兹褔人入史

中鼎
今兄（貺）畀女（汝）褔土

# 【老部】

## 老

叔弓鐘六
霝命難老

叔弓鎛
霝命難老

## 壽

叔液鼎
用祈沬壽

晉姜鼎
晉姜用祈𩰫綰沬壽

遲公鐘　厌父眔齊萬年沬壽
子=孫=亡彊寶

魯正叔盤
子=孫=永壽用之

鄦子鐘一
眉壽毋已

叔弓鐘七
女（汝）考壽萬年

微総鼎
屯（純）右（佑）沬壽

叔倲孫父簋
綰綽沬壽

牧簋
牧其萬年壽考

叔液鼎
永壽用之

叔夜鼎
用祈沬壽無疆

齊葬史喜鼎
其沬壽萬年

王子吴鼎
其沬壽無諆

雝公諴鼎
用乞沬壽

史伯碩父鼎
用祈匄百录（禄）沬壽

史顯鼎
用祈匄沬壽

晉姜鼎
三壽是利

弭仲匿
弭仲畀壽

伯梡簋一
萬年沬壽

伯梡簋二
萬年沬壽

[illegible]父簋
其萬年沬壽永寶用

伯百父簋
用祈萬壽

虢姜簋蓋
虢姜其萬年沬壽

京叔盨
其萬壽永寶用

鄦簋蓋
鄦其沬壽萬年無疆

鄦簋蓋
鄦其沬壽萬年無疆

慶叔匜
其沬壽萬年

姬寏母豆
用祈沬壽

伯戔盤
用祈沬壽萬年無疆

伯克壺
克用匄沬壽無疆

㠱公壺
沬壽萬年

召仲考父壺
用祈沬壽

楚公鐘
[illegible]公逆其萬年壽

引觥
其沬壽

楚王鐘
其沬壽無疆

叔弓鎛
女（汝）考壽萬年

# 考

秦公鐘　沬壽無疆

叔弓鎛　用祈沬壽

叔弓鐘六　用祈沬壽

亞無壽作父己甗

雝公諴鼎　用追享考于皇祖
考不从老省丂字重見

雝公諴鼎　用追享考于皇祖考

微䜌鼎　䜌乍（作）朕皇考䵼彝尊鼎

走鐘三　走乍（作）朕皇考祖文考寶龢鐘

①

史伯碩父鼎　史伯碩父追考①于朕皇考釐中王母泉女尊鼎

師訧簋　用乍（作）朕文考乙仲䵼簋

走鐘二　乍（作）朕皇考祖文考寶龢鐘

②

史伯碩父鼎　史伯碩父追考于朕皇考②釐中王母泉女尊鼎

稽卣　用乍（作）文考日乙寶尊彝

稽卣蓋　用乍（作）文考日乙寶尊彝

尹考鼎

君季鼎

厚趠方鼎　趠用乍（作）𠷎文考父辛寶尊齍

瘨鼎　用乍（作）皇祖文考盂鼎

史顯鼎　史顯乍（作）朕皇考釐中王母泉女尊鼎

微䜌鼎　䜌用享孝于朕皇考

大夫始鼎　始易（賜）友曰考曰攸

師艅鼎　其乍（作）𠷎文考寶鼎

袁鼎　用乍（作）朕皇考奠伯姬尊鼎

大夫始鼎　用乍（作）文考日己寶鼎

師艅尊　用乍（作）𠷎文考寶彝

正考父鼎　正考父乍（作）文王寶尊鼎

貿簋　貿乍（作）文考日癸寶尊彝

伯梡簋一　伯梡虘肇乍（作）皇考剌公尊簋

# 孝

伯椃簋二 伯椃虘肇乍（作）皇考剌公尊簋

及層生簋 子=孫永寶用享孝

巽簋 巽乍（作）皇祖益公文公武伯皇考龏伯鬻彝

虢姜簋蓋 用禪追孝于皇考叀中

㦰簋蓋 用乍（作）朕文考寶簋

害簋一 用𦃎（纘）乃祖考事

害簋一 用乍（作）文考寶簋

害簋二 用𦃎（纘）乃祖考事

害簋二 用乍（作）文考寶簋

害簋三 用𦃎（纘）乃祖考事

害簋三 用乍（作）文考寶簋

鄦簋蓋 鄦用乍（作）朕皇考龏伯尊簋

鄦簋 鄦用乍（作）朕皇考龏伯尊簋

師獣簋 乃祖考有賁于我家

師訇簋 亦則女（汝）乃聖祖考

牧簋 用乍（作）朕皇文考益伯寶尊簋

伯克壺 用乍（作）朕穆考後仲尊𣪘

文考日癸卣 文考日癸

走鐘一 走乍（作）朕皇考祖文考寶龢鐘

走鐘四 走乍（作）朕皇考祖文考寶龢鐘

走鐘五 走乍（作）朕皇考祖文考寶龢鐘

叔弓鎛 用享于其皇祖皇妣皇母皇考

叔弓鎛 女（汝）考壽萬年

叔弓鐘七 女（汝）考壽萬年

叔弓鐘六 用享于其皇祖、皇妣皇母皇考

師獣簋 用追享孝

秦公鐘 以卲零孝享

伯椃簋二 用享用孝

录旁仲駒父簋蓋
子=孫=永寶用享孝

曾師盤
用孝用享

姬奐母豆
孝公

微䜌鼎
䜌用享孝于朕皇考

玨嫠鬲
玨嫠录光庚□玑孝
永寶[illegible]

伯椃簋一
用享用孝

录旁仲駒父簋一
子=孫=永寶用享孝

录旁仲駒父簋二
子=孫=永寶用享孝

虢姜簋蓋
用禪追孝于皇考叀中

## 【毛部】

師毛父簋
師毛父即立（位）

鄸簋蓋
毛伯内門

鄸簋
毛伯内門

## 【尸部】

仲[illegible]父鼎
伐南淮尸

師訇簋
尸[illegible]三百人

害簋一
官司尸僕

敔簋
南淮尸遱殳

害簋二
官司尸僕小射底[illegible]

害簋三
官司尸僕小射底[illegible]

害簋一
王才（在）屖宫

害簋二
王才（在）屖宫

害簋二
宰屖父右害立

害簋一
宰屖父右害立

害簋三
王才（在）屖宫

害簋三
宰屖父右害立

## 肩※

中甗 肄肩又羞余□

## 尾※

師𣪕簋 易（賜）女（汝）戈琱戟厚必（柲）彤尾

## ⿸尸留※

及⿸尸留生簋 及⿸尸留生乍（作）尹姞尊簋

## 【舟部】

## 舟

舟虔簋一 舟虔乍（作）旅簋

舟虔簋二 舟虔乍（作）旅簋

舟父己爵

## 艅

師艅尊 師艅從

師艅鼎 易（賜）師艅金

師艅鼎 艅則對揚氒德

師艅鼎 師艅從

師艅尊 易（賜）師艅金

師艅尊 艅則對揚氒德

## 彤

豐作父丁簋 遘于武乙彤日

豐作父丁簋 隹王六祀彤日

## 朕

史伯碩父鼎 史伯碩父追考于朕皇考釐中王母泉女尊鼎

師𣪕簋 用乍（作）朕文考乙仲𩰫簋

走鐘四 走乍（作）朕皇考祖文考寶龢鐘

微䜌鼎 䜌乍（作）朕皇考𩰫彝尊鼎

秦公鐘 丕顯朕皇祖

走鐘五 走乍（作）朕皇考祖文考寶龢鐘

寰鼎 用乍（作）朕皇考奠伯姬尊鼎

鄭簋蓋 鄭用乍（作）朕皇考龏伯尊簋

史顯鼎 史顯乍（作）朕皇考釐中王母泉女尊鼎

微䜌鼎 䜌用享孝于朕皇考

晉姜鼎 余唯司（嗣）朕先姑君晉邦

散季簋 散季肇乍（作）朕王母叔姜寶簋

𢦏簋蓋 用乍（作）朕文考寶簋

鄭簋 鄭用乍（作）朕皇考龏伯尊簋

蔡簋 勿灋朕令

師訇簋 用乍（作）朕剌祖乙伯同益姬寶簋

牧簋 敬夙夕勿灋朕令

牧簋 用乍（作）朕皇文考益伯寶尊簋

𡑞盨 敬夙夕勿灋朕命

伯克壺 用乍（作）朕穆考後仲尊𩫖

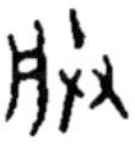

走鐘一 走乍（作）朕皇考祖文考寶龢鐘

走鐘二 乍（作）朕皇考祖文考寶龢鐘

走鐘三 走乍（作）朕皇考祖文考寶龢鐘

秦公鐘 虔敬朕祀

慶叔匜 慶叔乍（作）朕子孟姜盥匜

叔弓鎛 女（汝）婜勞朕行師

叔弓鐘二 弗敢不對揚朕辟皇君之易（錫）休命

叔弓鎛 余命女（汝）政于朕三軍

叔弓鎛 箭成朕師旟之政德

叔弓鎛 諫罰朕庶民

叔弓鎛 弗敢不對揚朕辟皇君之易（錫）休命

叔弓鎛 女（汝）台（以）卹余朕身

叔弓鐘一 余命女（汝）政於朕三軍

叔弓鐘一 箭成朕師旟之政德

叔弓鐘一 諫罰朕庶民

叔弓鐘二 女（汝）婜勞朕行師

## 般

叔弓鐘四
女（汝）台（以）卹余朕身

豐鼎
王遂于作册般新宗

齊侯盤　孳乳爲盤
齊侯作楚姬寶盤

曾師盤
自作寶盤

## 服

㚃卣
在囗服

## 【方部】

## 方

南宮中鼎一
隹王令南宮伐反虎方之年

南宮中鼎二
隹王令南宮伐反虎方之年

中甗
中省自方昇邦

師訇簋
雩四方民亡不康静

## 【儿部】

## 兒

中甗
史兒至

## 兄

中鼎　孳乳爲貺
王令大史兄（貺）福土

中鼎
今兄（貺）畀汝福土

中觶
南宮兄（貺）

中觶蓋
南宮兄（貺）

㝨卣蓋
用乍（作）兄癸彝

𪊨父鼎二
有女（汝）多兄

# 先　兂

兄丁觶器

[illegible]父鼎一
有女（汝）多兄

㝬卣
用乍（作）兄癸彝

兄丁觶蓋

蔡簋
王乎（評）史兂册令蔡

## 【先部】

南宮中鼎一
王令中先省南國貫行

中甗
王令中先省南國貫行

麥鼎
令小臣麥先省楚应

南宮中鼎二
王令中先省南國貫行

蔡簋
毋非先告蔡

中觶蓋
用先

中觶器
用先

師訇簋
亦則緯女（汝）乃聖祖考

蔡簋
昔先王既令女（汝）乍（作）宰

鄘簋蓋
昔先王既令（命）女（汝）乍（作）邑

鄘簋
昔先王既令（命）女（汝）乍（作）邑

牧簋
昔先王既令女（汝）乍（作）𤔲士

牧簋
女（汝）毋敢□□先王乍（作）明井（刑）用

晉姜鼎
余隹司（嗣）朕先姑君晉邦

叔弓鐘一
余經乃先祖

叔弓鐘四
弓篾（典）其先舊

**【見部】**

## 見

見父己甗

蔡簋 圅又（有）見

## ※覭

晉姜鼎 勿法文侯覭令

# 卷九

## 【頁部】

寰鼎
宰頵右寰

史伯碩父鼎
史伯碩父

史顬鼎
永令顬終

叔弓鎛
毋或承頪

叔弓鐘六
毋或承頪

伯戔盤　邛仲之孫伯戔自乍（作）顯盤

師秦宮鼎
敢對揚天子丕顯休

蔡簋
敢對揚天子丕顯魯休

牧簋
敢對揚王丕顯休

寰鼎　敢對揚天子丕顯叚（嘏）休令

師訇簋
丕顯文武

秦公鐘
丕顯朕皇祖

塱盨
對揚天子丕顯魯休

遲公鐘
丕顯龍光

叔弓鎛
丕顯皇祖

叔弓鐘六　丕顯皇祖

叔弓鎛　丕顯穆公之孫

叔弓鐘五　丕顯穆公之孫

# 首

## 【𦣻部】

夌鼎　夌拜䭫首

稽卣器　稽拜䭫首

稽卣蓋　稽拜䭫首

鄦簋　鄦拜䭫首

牧簋　牧拜䭫首

何簋　何拜䭫首

寰鼎　寰拜䭫首

𧧻簋蓋　𧧻拜䭫首

害簋一　害䭫首

害簋二　害䭫首

害簋三　害䭫首

鄦簋蓋　鄦拜䭫首

師猷簋　猷拜䭫首

師訇簋　訇䭫首

蔡簋　蔡拜手䭫首

師訇簋　首德不克妻

塱盨　塱拜䭫首

甹鐘　甹敢拜䭫首

叔弓鎛　弓敢用拜䭫首

叔弓鐘二　弓敢用拜䭫首

叔弓鐘四　弓用或敢拜䭫首

叔弓鎛　弓用或敢再拜䭫首

敔簋　長榜蔑首百

# 𩒨

【旨部】

麥鼎 麥拜𩒨首

何簋 何拜𩒨首

稽卣器 稽拜𩒨首

寰鼎 寰拜𩒨首

鄭簋 鄭拜𩒨首

牧簋 牧拜𩒨首

塱盨 塱拜𩒨首

蔡簋 蔡拜手𩒨首

害簋一 害𩒨首

瘨鼎 拜𩒨

㦰簋蓋 㦰拜𩒨首

害簋二 害𩒨首

害簋三 害𩒨首

鄭簋蓋 鄭拜𩒨首

師獸簋 獸拜𩒨首

師訇簋 訇𩒨首

稽卣蓋 稽拜𩒨首

甹鐘 甹敢拜𩒨首

叔弓鎛 弓敢用拜𩒨首

叔弓鐘二 弓敢用拜𩒨首

叔弓鐘四 弓用或敢再拜𩒨首

叔弓鎛 弓用或敢再拜𩒨首

【県部】

縣　須　文

叔弓鎛　其縣三百

叔弓鐘二　其縣三百

## 【須部】

師奐父盨一　孳乳爲盨　師奐父乍（作）旅須（盨）

師奐父盨二　師奐父乍（作）旅須（盨）

## 【文部】

厚趠方鼎　趠用乍（作）氒文考父辛寶尊

走鐘二　乍（作）朕皇祖文考寶龢鐘

走鐘五　走乍（作）朕皇祖文考寶龢鐘

牧簋　用乍（作）朕皇文考益伯寶尊簋

害簋一　用乍（作）文考寶簋

截簋蓋　用乍（作）朕文考寶簋

害簋三　用乍（作）文考寶簋

文考日癸卣　文考日癸

賁簋　賁乍（作）文考日癸寶尊彝

㝨簋　㝨乍（作）皇祖益公文公武伯皇考龏伯𩰫彝

秦公鐘　趚〓文武

晉姜鼎　勿灋文侯覭令（命）

大夫始鼎　用乍（作）文考日己寶鼎

師艅鼎　其乍（作）氒文考寶鼎

師艅尊　用乍（作）氒文考寶彝

正考父鼎　正考父乍（作）文王寶尊鼎

害簋二　用乍（作）文考寶簋

師𩛥簋　用乍（作）朕文考乙仲𩰫簋

師訇簋　丕顯文武

稽卣蓋　用乍（作）文考日乙寶尊彝

稽卣　用乍（作）文考日乙寶尊彝

文𩰫觥器　乍（作）文𩰫己寶彝

走鐘一　走乍（作）朕皇祖文考寶龢鐘

走鐘三　走乍（作）朕皇祖文考寶龢鐘

走鐘四　走乍（作）朕皇祖文考寶龢鐘

## 【后部】

叔弓鐘四　𠜱伐頣（夏）后

叔弓鎛　𠜱伐頣（夏）后

## 【司部】

晉姜鼎　余唯司（嗣）朕先姑君晉邦

牧簋　今𠭯司匐氒辠召故

## 【卩部】

叀鼎　叀乍（作）敳伯娟氏卩鼎

中鼎　孳乳爲命　中對王休令（命）

蔡簋　昔先王既令（命）女（汝）乍（作）宰

中甗　王令中先省南國貫行

中甗 余令（命）女（汝）史（使）小大邦

敔簋 王令敔追御（襲）于上洛烄谷

粤鐘 公令（命）宰僕易（賜）粤金十匀（鈞）

史伯碩父鼎 綰綽沬壽

寰鼎 敢對揚天子丕顯叚（暇）休命

蔡簋 勿灋朕命

虢姜簋蓋 通录（禄）永令

牧簋 敬夙夕勿灋朕令（命）

曩簋 靈終靈令

中鼎 王令大史貺褔土

南宮中鼎一 隹王令南宮伐反虎方之年

南宮中鼎一 王令中先省南國貫行

南宮中鼎二 隹王令南宮伐反虎方之年

南宮中鼎二 王令中先省南國貫行

中甗 自王令曰

麦鼎 令小臣麦先省楚应

史顯鼎 永令顳終

微䜌鼎 王令（命）命微䜌䢅司九陂

微䜌鼎 永令靈終

寰鼎 史㵄受王令書

晉姜鼎 勿灋文侯覭令

蔡簋 王呼史㞷册令（命）蔡

牧簋 王乎（呼）内史吴册令牧

蔡簋 出入姜氏令

蔡簋 𠦪又見又即令

師訇簋 □受天令

友史鼎 王令寢蕽省北田四品

虘父鼎一 祉令曰

師訇簋 奠大令

叔倲孫父簋 永令彌𠦪生

𠨍　卲

載簋蓋　令女（汝）乍（作）嗣土

師𩛥簋　余令女（汝）死我家

牧簋　昔先王既令女（汝）乍（作）嗣土

牧簋　令女（汝）辟百寮

令簋

師訇簋　今余隹巤𦣞乃命（令）=女（汝）叀雝我邦小大猷

蔡簋　今余隹巤𦣞乃令=汝眔曰耤足对各

晉姜鼎　宣𠨍我猷

𨛭簋　王才（在）周卲宫

𨛭簋　王才（在）周卲宫

遲父鐘　用卲乃穆

秦公鐘　以卲零孝享

## 【卯部】

鄉

寰鼎　卿與鄉爲一字　北鄉

載簋蓋　北鄉

師訇簋　卿女（汝）及卹周邦

弭仲匿　用卿（饗）大正

叔弓鎛　余命女（汝）職差（左）卿

叔弓鐘三　余命女（汝）職差（左）卿

※鄕

召仲考父壺　用祀用鄕

文考日癸卣　其以父癸夙夕鄕爾百婚遘

田煒先生認爲此就是鄉字

辟 匍 匐 匀

【辟部】

晉姜鼎
用召匹辞辟

秦公鐘
咸畜百辟胤士

師訇簋
用夾召氒辟

牧簋
令女（汝）辟百寮

師訇簋
谷汝弗以乃辟函于艱

叔弓鎛
弗敢不對揚朕辟皇君之易（錫）休命

叔弓鐘二
弗敢不對揚朕辟皇君之易（錫）休命

叔弓鎛
是辟于齊灰之所

叔弓鐘五
是辟于齊灰之所

塱盨
用辟我一人

叔弓鎛
外内剴辟

叔弓鐘六
外内剴辟

【勹部】

秦公鐘
匍及四方

牧簋
今司匐氒辠召故

𦥯鐘
公令宰僕易（賜）𦥯金十匀（鈞）

【苟部】

# 苟

師訇簋 孳乳爲敬
敬明乃心

# 敬

師訇簋 苟字重見
敬明乃心

牧簋
敬夙夕勿灋朕令

師㝨簋
敬乃夙夜用事

蔡簋
敬夙夕

塱盨
敬明乃心

塱盨
敬夙夕勿灋朕命

秦公鐘
虔敬朕祀

叔弓鎛
女（汝）敬共辝命

叔弓鐘二
女（汝）敬共辝命

## 【由部】

# 由

師訇簋
訇其萬由年子〃孫〃永寶

# 畏

師訇簋
今日天疾畏降喪

## 【山部】

# 山

南宮中鼎一
在陣真山

南宮中鼎二
在陣真山

秦簋

## 【广部】

## 底

害簋一　官嗣尸僕小射底

害簋二　官嗣尸僕小射底

害簋三　官嗣尸僕小射底

## 庶

伯庶父簋　伯庶父乍（作）王姑凡姜尊簋

牧簋　亦多虐庶民

牧簋　孚訊庶右

牧簋　雩乃訊庶右

叔弓鎛　諫罰朕庶民

叔弓鐘一　諫罰朕庶民

## 廟

師秦宮鼎　王各于享廟

敔簋　王各于成周大廟

蔡簋　王各廟

## 应

南宮中鼎一　从广　埶王应

南宮中鼎二　埶王应

中甗　埶应

蔡簋　王在減应

麥鼎　王至于逨应

麥鼎　令小臣麥先省楚应

## ※座

座父鼎一　座父乍（作）寶鼎

座父鼎二　座父乍（作）寶鼎

## 【厂部】

## 猒

叔弓鎛　猒字重見　余引猒乃心

## 【長部】

## 長

敔簋
長榜蕺首百

婪卣
員長怢

## 【勿部】

## 勿

晉姜鼎
勿法文侯覠令（命）

蔡簋
勿使敢又（有）庆止從獄

牧簋
敬夙夕勿灋朕令

塱盨
勿使𧆞虘從獄

塱盨
敬夙夕勿灋朕命

蔡簋
勿灋朕令

戉王者旨於賜鐘
用之勿相

## 𣄰

鄦子鐘一
中韓（雗）叡𣄰

鄦子鐘二
中韓（雗）叡𣄰

楚王酓章鐘
返自西𣄰

楚王酓章鐘
寘之于西𣄰

楚王酓章編鐘
寘之于西𣄰

## 【而部】

## 而

叔弓鎛
宦執而政事

叔弓鐘五
其配襄公之妣而𫊸公之女

叔弓鎛
其配襄公之妣而𫊸公之女

叔弓鐘一
宦執而政事

叔弓鐘七
皋百斯男而埶斯字

叔弓鎛
皋百斯男而埶斯字

# ※⿰豕乚　易

叔弓鎛
達而𦑬剌

叔弓鐘六
達而𦑬剌

叔弓鎛
龢獸而又事

叔弓鐘六
龢獸而九事

戊王者旨於賜鐘
用嘉而賓客

## 【豕部】

己酉簋
丂⿰豕乚用宐

## 【易部】

叔弓鎛
虔卹不易

叔弓鐘三
虔卹不易

尹考鼎

瘨鼎　孳乳爲賜
易（賜）駒兩

蔡簋
易（賜）女（汝）玄衮衣

雟卣器
王易（賜）雟⿱八中貝

師訧簋　易（賜）汝戈琱戟厚
必（柲）彤屖

豐作父丁簋
易（賜）工

師訇簋
易（賜）女（汝）⿱巨鬯鬯一卣

豐鼎
大子易（賜）⿱車大貝

中鼎
易（賜）于武王作臣

①
姿鼎　小臣姿易（賜）①貝易
（賜）馬兩

②
姿鼎　小臣姿易（賜）貝易
（賜）②馬兩

師秦宮鼎

微䜌鼎
用易（賜）康勴魯休

寰鼎 王乎（呼）史淢册易（賜）寰

晉姜鼎 易（賜）鹵責千兩

師餘鼎 易（賜）師餘金

師餘鼎 易（賜）師餘金

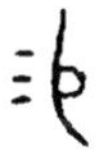
友史鼎 乍（作）册友史易（賜）賁貝

嫠卣 尹易（賜）臣雀嫠

大夫始鼎 大夫始易（賜）友𤞷

大夫始鼎 始易（賜）友曰考曰攸

大夫始鼎 易（賜）章

師毛父簋 易（賜）赤市

戠簋蓋 易（賜）女（汝）戠玄衣

害簋一 易（賜）女（汝）𠦪朱帶

害簋一 易（賜）戈琱㦸彤沙

害簋二 易（賜）女（汝）𠦪朱帶

害簋二 易（賜）戈琱㦸彤沙

害簋三 易（賜）女（汝）𠦪朱帶

害簋三 易（賜）戈琱戟彤沙

鄦簋蓋 易（賜）女（汝）赤市冋睪黃鑾旂

鄦簋 易（賜）女（汝）赤市冋睪黃鑾旂

敔簋 易（賜）田

牧簋 易（賜）女（汝）𩰫鬯一卣

塱盨 易（賜）女（汝）𩰫鬯一卣

伯克壺 伯大師易（賜）伯克僕卅夫

㝅卣蓋 王易（賜）㝅貝朋

㝅卣器 王易（賜）㝅貝朋

巂卣蓋 王易（賜）巂八甶貝

稱卣蓋 易（賜）貝卅寽

稱卣 易（賜）貝卅寽

中觶蓋 王易（賜）中馬自𨸏厌四𩡧

中觶 王易（賜）中馬自𨸏厌四𩡧

象

文觥器　子易（賜）□貝

甹鐘　公令宰僕易（賜）甹金十勻〈鈞〉

何簋　王易（賜）何赤市朱亢䜌旂

叔弓鐘二　余易（賜）女（汝）釐都𦞤劇

叔弓鎛　余易（賜）女（汝）車馬戎兵

叔弓鐘四　余易（賜）女（汝）馬車戎兵

叔弓鎛　𡠀乳爲錫　弗敢不對揚朕辟皇君之易（錫）休命

叔弓鎛　雁（應）受君公之易（錫）光

叔弓鐘四　雁（應）受君公之易（錫）光

叔弓鐘二　弗敢不對揚朕辟皇君之易（錫）休命

## 【象部】

象鼎

象鼎

馬　駒　灋

# 卷十

## 【馬部】

麦鼎　小臣麦易（賜）貝易（賜）馬兩

中觶器　王易（賜）中馬自[illegible]厌四[illegible]

中觶蓋　王易（賜）中馬自[illegible]厌四[illegible]

塱盨　馬四匹

叔弓鎛　余易（賜）女（汝）車馬戎兵

叔弓鐘四　余易（賜）女（汝）馬車戎兵

𢦏簋蓋　楚走馬

絲駒父鼎

录旁仲駒父簋一　录旁仲駒父乍（作）仲姜簋

录旁仲駒父簋二　录旁仲駒父乍（作）仲姜簋

录旁仲駒父簋蓋　录旁仲駒父乍（作）仲姜簋

瘨鼎　易（賜）駒兩

塱盨　駒車

## 【廌部】

晉姜鼎　勿灋文侯覭令（命）

蔡簋　勿灋朕令（命）

牧簋　敬夙夕勿灋朕令

塱盨　敬夙夕勿灋朕命

叔弓鎛　余弗敢灋（廢）乃命

叔弓鐘四　余弗敢灋（廢）乃命

## 【犬部】

### 犬

子父己甗

### 獻

伯盉父甗　經典作甗
伯盉父乍（作）旅獻（甗）

仲酉父甗
仲酉父肇乍（作）甗

史[illegible]父甗
史[illegible]父乍（作）旅甗

大夫始鼎
始獻工

[illegible]父簋
[illegible]父乍（作）姬獻賸簋

[illegible]甗
自乍（作）寶甗

### 猒

晉姜鼎
宣卯我猷

師訇簋　今余唯䵼𦎫乃命=汝
叀雝我邦小大猷

### 獄

蔡簋
勿使敢又（有）疒止從獄

塱盨
勿使𡿪虐從獄

## 【能部】

### 能

叔弓鎛　女（汝）康能乃又事
眔乃敵寮

叔弓鐘三　女（汝）康能乃有
事眔乃敵寮

## 【火部】

### 煌

秦公鐘
雝=孔煌

## 光

卑𠤱君鼎

晉姜鼎　敏揚氒光剌（烈）

遲公鐘　丕顯龍光

叔弓鎛　雁（應）受君公之易（錫）光

叔弓鐘四　雁（應）受君公之易（錫）光

玨嫠鬲　玨嫠录光庚□㺃孝永寶𠈃

## 熙

慶叔匜　不从火，𦣞字重見　沱=熙=

## 煌※

鄦子鐘一　元鳴孔煌

鄦子鐘二　元鳴孔煌

## 【炎部】

## 熜※

敔簋　王令敔追御（襲）于上洛熜谷

敔簋　于熜衣諱

## 粦

牧簋　氒訊庶右粦

牧簋　雩乃訊庶右粦

## 【赤部】

## 赤

寰鼎　赤市

𨛭簋蓋　易（賜）女（汝）赤市冋罶黃䜌旂

𨛭簋　易（賜）女（汝）赤市冋罶黃䜌旂

師毛父簋　赤市

蔡簋　赤舄

𢦏簋蓋　赤𢆶市

# 大

墜盨
赤舄

何簋
王易（賜）何赤市朱亢緣旂

## 【大部】

兄丁觶蓋

兄丁觶器

大中作父丁卣

中鼎
王令大史貺褔土

師望簋
大師小子師望作鸞彝

鄦子鐘一
用樂嘉賓大夫及我𠈓友

寰鼎
王各大室

師毛父簋
王各于大室

牧簋
各大室

叔弓鎛
爲大事

豐鼎
大子賜大貝

引𣪘
樂大𠭯徒子之子引

中甗
余令女（汝）史（使）小大邦

師訇簋
今余隹䵼熹乃命=女（汝）叀雝我邦小大猷

師訇簋
莫大令

中觶器
王大省公族于庚

中觶蓋
王大省公族于庚

師訇簋
王各于大室

大夫始鼎
大夫始易（賜）友𢿥

大夫始鼎
大夫始敢對揚天子休

弭仲簠
用卿（饗）大正

師望簋
大師小子師望乍（作）鸞彝

𢦏簋蓋
王各于大室

敔簋
王各于成周大廟

姬寏母豆

大公

伯克壺

伯大師易（賜）伯克僕卅夫

楚公鐘

楚公逆自乍（作）大雷鎛

師訇簋

用夾召氒辟

仲[illegible]父鼎　尸字重見

伐南淮尸

## 【亦部】

師訇簋

亦[illegible]受天令

牧簋

亦多虐庶民

## 【夨部】

王子吳鼎

王子吳擇其吉金

牧簋

王乎（呼）内史吳册令牧

戎趄鐘

## 【壺部】

曩公壺　曩公乍（作）爲子叔

姜□盥壺

召仲考父壺

召仲考父自乍（作）壺

## 【幸部】

# 執

敔簋
執訊卌

秦公鐘
虩事百邦于秦執事

叔弓鎛
宦執而政事

叔弓鐘一
宦執而政事

【亢部】

# 亢

何簋
王易（賜）何赤市朱亢

【夲部】

# 𠦪

害簋一
易（賜）汝𠦪朱帶

害簋二
易（賜）汝𠦪朱帶

害簋三
易（賜）汝𠦪朱帶

牧簋
𠦪較

埊盨
𠦪較

【夰部】

# ※㚇

㚇簋
㚇其洍

㚇簋
㚇

【夫部】

夫　※⿰害夫　立

宋君夫人鼎

中甗
孚人𠬝廿夫

伯克壺
伯大師易（賜）伯克僕卅夫

大夫始鼎
大夫始易（賜）友⿰害夫

大夫始鼎
大夫始敢對揚天子休

𠭯子鐘一
用樂嘉賓大夫及我𠈇友

大夫始鼎
大夫始易（賜）友⿰害夫

## 【立部】

寰鼎　孳乳爲位
即立（位）

伯桃簋一
畯才（在）立（位）

師毛父簋
師毛父即立（位）

伯桃簋二
畯在立（位）

蔡簋
即立（位）

牧簋
即立（位）

秦公鐘
畯疐在立（位）

寰鼎
立中廷

害簋一
宰犀父右害立

鄦簋蓋
立中廷

䟗簋蓋
立中廷

害簋二
宰犀父右害立

害簋三
宰犀父右害立

鄦簋
立中廷

蔡簋
立中廷

牧簋
立中廷

師訇簋
妥立余小子

心　應　慎　憼　慶　懷　忌

## 【心部】

### 心

師訇簋
敬明乃心

塱盨
敬明乃心

叔弓鎛
余既専乃心

叔弓鐘一
余既専乃心

叔弓鎛
余引猒乃心

叔弓鐘一
余引猒乃心

叔弓鐘五
是小心龏蹐

### 應

應侯簋　不从心　雁字重見　雁
（應）侯乍（作）姬遼母尊簋

### 慎

叔弓鎛
慎中𠦃罰

叔弓鐘二
慎中𠦃罰

### 憼

叔弓鎛
弓不敢弗憼戒

叔弓鐘一
弓不敢弗憼戒

### 慶

秦公鐘
高引又慶

慶叔匜
慶叔乍（作）朕子孟姜盥匜

### 懷

晉姜鼎　不从心　褱字重見
用康⿸广夒妥懷遠埶君子

### 忌

叔弓鎛
女（汝）小心愧（畏）忌

叔弓鐘一
女（汝）小心愧（畏）忌

沙 滂 減 淮 洛 漢 沱

# 卷十一

## 【水部】

### 沱

慶叔匜

沱=熙=

### 漢

中甗

伯買□□□毕人□漢中州

### 洛

敔簋

内伐涫昴參泉裕敏陰陽洛

敔簋

王令敔追御（襲）于上洛炂谷

### 淮

仲偁父鼎

伐南淮尸

敔簋

南淮尸遱殳

稽卣

對揚師淮父休

稽卣蓋

稽從師淮父戍于古𠂤

稽卣蓋

對揚師淮父休

稽卣

稽從師淮父戍于古𠂤

### 減

寰鼎

王乎（呼）史減册賜寰

蔡簋

王才（在）減应

### 滂

召仲考父壺

多福滂

### 沙

寰鼎

戈琱㦸䣄必（柲）彤沙（緌）

害簋一

易（賜）戈琱㦸彤沙（緌）

害簋二

易（賜）戈琱㦸彤沙（緌）

# 潢 汙 ※瀍 湯 液 沫

潢

害簋三 易（賜）戈琱㦸彤沙（緌）

潢

師訇簋 邦弨潢辪

汙

牧簋 才（在）師汙父宮

※瀍

厚趠方鼎 从止 厚趠又償于瀍公

瀍季鬲 瀍季乍（作）

湯

晉姜鼎 征緐湯

液

叔液鼎 叔液自乍（作）饙鼎

沫

叔液鼎 用祈沫壽

叔夜鼎 用祈沫壽無疆

齊𦘔史喜鼎 其沫壽萬年

王子吴鼎 其沫壽無諆

䧹公諴鼎 用乞沫壽

史伯碩父鼎 用祈匄百录〈禄〉沫壽

史顯鼎 用祈匄沫壽

微䜌鼎 屯（純）右（佑）沫壽

晉姜鼎 晉姜用祈𩏂綰沫壽

伯梡簋一 萬年沫壽

伯梡簋二 萬年沫壽

𡨦父簋 其萬年沫壽永寶用

# 洍 淄※ 洹※

## 【川部】

叔侯孫父簋
綰綽沬壽

虢姜簋蓋
虢姜其萬年沬壽

鄦簋蓋
鄦其沬壽萬年無疆

鄦簋
鄦其沬壽萬年無疆

蔡簋
蔡其萬年沬壽

姬寏母豆
用祈沬壽

伯戔盤
用祈沬壽萬年無疆

㠱公壺
沬壽萬年

鄦子鐘一
沬壽毋已

召仲考父壺
用祈沬壽

伯克壺
克用匄沬壽無疆

弘猷
其沬壽

遲公鐘　医父眔齊萬年沬壽
子〃孫〃亡疆寶

秦公鐘
沬壽無疆

慶叔匜
其沬壽萬年

叔弓鎛
用祈沬壽

叔弓鐘六
用祈沬壽

㠱簋
㠱其洍

叔弓鎛
師于淄涶

叔弓鐘一
師于淄涶

敔簋
內伐洹昴參泉裕敏陰陽洛

川 巠 州 泉 永

師訇簋
用乍（作）川宮寶

晉姜鼎
巠雝明德

中甗
伯買□□□乎人□漢中州

叔弓鎛
咸有九州

叔弓鐘五
咸有九州

## 【泉部】

史伯碩父鼎
王母泉女尊鼎

史顯鼎
王母泉女尊鼎

敔簋
內伐洭昂參泉裕敏陰陽洛

## 【永部】

絲駒父鼎

言鼎

史伯碩父鼎
子=孫=永寶用享

乙公鼎
子=孫=永寶

伯戔盨器
永保用之

齊医盤
其萬年子=孫=永保用

瘨鼎
瘨萬年永寶用

雝公誠鼎
子=孫=永寶用

師秦宮鼎
□其萬年永寶用

史伯碩父鼎
綰綽永令

史顯鼎
永令顯終

微䜌鼎
䜌子=孫=永寶用享

王子吳鼎

子〃孫〃永保用之

鄀于子斯匠二

子〃孫〃永□用

召仲考父壺

子〃孫〃永寶是尚

應侯簋

其萬年永寶用

微䜌鼎

永令靈終

叔旦簋

其萬年子〃孫〃永寶用

㝨鼎

㝨其萬年子孫永寶用

牧簋

子〃孫〃永寶用

走鐘三

走其萬年子〃孫〃永寶用享

何簋

其萬年子〃孫〃其永寶用

樊卣尹其恒萬年受氒永魯亡

(無)競

鄦簋蓋

子〃孫〃永寶用享

史顛鼎

子〃孫〃永寶用享

蔡簋

子〃孫永寶用

師猷簋

猷其萬年子〃孫〃永寶用享

魯正叔盤

子〃孫〃永壽用之

[illegible]簋

其萬年子孫永寶用

京姜鬲

其永缶(寶)用

君季鼎

子孫用寶用之

录旁仲駒父簋蓋

子〃孫〃永寶用享孝

录旁仲駒父簋二

子〃孫〃永寶用享孝

[illegible]甗

其子〃孫〃永用享

田季加匜器

子〃孫〃永寶用享

楚公鐘

孫子其永寶

叀鼎

[illegible]蔡生鼎

伯鄀父鼎

[illegible]鼎

其子〃孫〃永用享

[illegible]鼎二

其子〃孫〃永用享

叔液鼎

永壽用之

齊莽史喜鼎 子=孫=永寶用

仲[illegible]父鼎 其萬年子=孫=永寶用

厚趠方鼎 其子=孫永寶

害簋三 其子=孫=永寶用

京叔盨 其萬壽永寶用

叔良父盨 其萬年子=孫=永寶用

[illegible]公鋪 永寶用

鄦簋 子=孫=永寶用享

敔簋 敔其萬年子=孫=永寶用

正考父鼎 子孫永寶用享

叔姬鼎 其萬□永寶用

虢姜鼎 其萬年永寶用

大夫始鼎 孫=子=永寶用

聿造鬲 永寶用

[illegible]鬲 永寶用

[illegible]嫠鬲 [illegible]嫠录光庚□[illegible]孝 永寶[illegible]

仲□父鬲 子=孫=□□永寶用

[illegible]鬲 其子=孫=永寶用

史[illegible]父甗 其萬年子孫=永寶用

内公簠 子孫永寶用享

伯庶父簋 其永寶用

史張父簋蓋 其萬年永寶用

虢姜簋 其永用享

[illegible]仲奠父簋 其萬年子=孫=永寶用

伯梡簋一 子=孫=永寶

伯梡簋二 子=孫=永寶

[illegible]父簋 其萬年沬壽永寶用

录旁仲駒父簋一 子=孫=永寶用享孝

散季簋 散季其萬年子=孫=永寶

及層生簋 子=孫永寶用享考

㝬簋
其子=孫永寶用享於宗室

叔倲孫父簋
永令彌氒生

叔倲孫父簋
子=孫=永寶用享

師毛父簋
其萬年子=孫=其永寶用

虢姜簋蓋
通录〈禄〉永令

虢姜簋蓋
子=孫永寶用享

㦰簋蓋
其子=孫=永用

害簋一
其子=孫=永寶用

害簋二
其子=孫=永寶用

姬奐母豆
永命多福

姬奐母豆
永寶用

黃季舟
其永用之

伯家史盂
其萬年子孫永用

伯戔盤
子=孫=永寶用之

寒戊匜
其子=孫=永用

弭伯匜
其子=孫=永寶用

仲姞匜
其萬年子=孫=永寶用

齊医匜
其萬年子=孫永保用

塱盨　叔邦父叔姞萬年子=孫=永寶用

伯玉盉
其萬年子=孫=其永寶用

𨑳仲盉
子=孫=其永用之

曩公壺
永保其身

曩公壺
子孫永保用之

伯克壺
克其子=孫=永寶用享

稱卣蓋
其子=孫永福

稱卣
其子=孫永福

引觥
子=孫=永寶用

走鐘一
走其萬年子=孫永寶用享

走鐘二
其萬年子=孫=永寶用享

走鐘四
走其萬年子=孫=永寶用享

## 羕

走鐘五
走其萬年子=孫=永寶用享

鼄子鐘一
子=孫=永保鼓之

楚王鐘
子孫永保用之

楚王酓章鐘
其永時用享

楚王酓章編鐘
其永時用享

秦公鐘
永寶

叔弓鐘七
永保其身

叔弓鐘七
曰武靈成子孫永保用享

師訇簋
訇其萬由年子=孫=永寶

慶叔匜
羕（永）保其身

慶叔匜
子=孫=羕（永）保用之

叔弓鎛
羕（永）保其身

叔弓鎛
子=孫=羕（永）保用享

## 【谷部】

## 谷

敔簋　王令敔追御（襲）于上洛煜谷

師訇簋
谷女（汝）弗以乃辟函於艱

## 【雨部】

## 雷

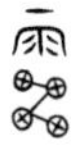
楚公鐘
楚公逆自乍（作）大雷鎛

## 霝

微䜌鼎
永令霝終

①
㠱簋
霝①終霝令

②
㠱簋
霝終霝②令

⿱雨各

叔弓鎛
霝命難老

叔弓鐘六
霝命難老

叔弓鐘五
篞武霝公易（賜）弓吉金

秦公鐘
以卲⿱雨各孝亯

雩

師訇簋
盩龢雩政

師訇簋
盩龢雩政

牧簋
雩乃訊庶右𡪞

塱盨
雩邦人正人師氏人

叔弓鎛
雩𠂬行師

叔弓鎛
雩生叔弓

叔弓鐘二
雩𠂬行師

翆

楚王章編鐘
⺊翆反

【魚部】

鮮

鮮鼎

【龍部】

龍

龍觚

遅公鐘
丕顯龍光

非

## 【非部】

蔡簋

乎非先告蔡

# 卷十二

## 【乚部】

鄦子鐘一
元鳴孔煌

鄦子鐘二
元鳴孔煌

秦公鐘
其音戚（肅）雝=孔煌

## 【不部】

師秦宮鼎　孳乳爲丕
敢對揚天子丕顯休

牧簋
敢對揚王丕顯休

叔弓鐘六
丕顯皇祖

寰鼎　敢對揚天子丕顯叚（嘏）休令

蔡簋
敢對揚天子丕顯魯休

師訇簋
丕顯文武

塱盨
對揚天子丕顯魯休

遲公鐘
丕顯龍光

秦公鐘
丕顯朕皇祖

叔弓鎛
丕顯穆公之孫

叔弓鎛
丕顯皇祖

叔弓鐘五
丕顯穆公之孫

師訇簋
首德不克婁

牧簋
不用先王作井（刑）

①

牧簋
不①井（刑）不中

晉姜鼎
虔不豕（墜）

豐作父丁簋
毋不戒

師訇簋
亡不康静

至　否

塱盨
不川唯死

蔡簋
毋敢又（有）不聞

①
牧簋
毋敢不①明不中不井（刑）

秦公鐘
鈥静不廷

叔弓鐘一
弓不敢弗憼戒

②
牧簋
不井（刑）不②中

②
牧簋
毋敢不明不②中不井（刑）

③
牧簋
毋敢不明不中不③井（刑）

①
牧簋
毋敢不①明不中不井（刑）

③
牧簋
毋敢不明不中不③井（刑）

③
牧簋
毋敢不明不中不③井（刑）

秦公鐘
不家（墜）在上

叔弓鎛
女（汝）不家（墜）夙夜

叔弓鎛
弓不敢弗憼戒

叔弓鎛
弗敢不對揚朕辟皇君之易（錫）休命

叔弓鎛
虔卹不易

叔弓鐘一
女（汝）不家（墜）夙夜

叔弓鐘二
弗敢不對揚朕辟皇君之錫休命

叔弓鐘三
虔卹不易

戉王者旨於睗鐘
夙莫不貣（忒）

師訇簋
毋敢否善

## 【至部】

夌鼎
王至于逌应

敔簋
至于伊班

中甗
史兒至

# 西　鹵　䶌※　門　聖

中甗　孚又舍女（汝）[illegible]量

至于女庸小多乂

叔弓鎛

至于枼

叔弓鐘七

至于枼

## 【西部】

師䚄簋

䎛嗣我西扁東扁

楚王酓章編鐘

穽之于西𣄴

㚇卣

王𩛥（飲）西宮

楚王酓章鐘

返自西𣄴

楚王酓章編鐘

穽之于西𣄴

## 【鹵部】

晉姜鼎

易（賜）鹵責千兩

引䶌

乍（作）旅䶌

## 【門部】

寰鼎

入門

鄦簋蓋

毛伯內門

鄦簋

毛伯內門

師訇簋

亦則𦁠女（汝）乃聖祖考

## 聞

蔡簋
毋敢又（有）不聞

【耳部】

## 聝

敔簋
聝百訊卌

## ※肩

乁伯簋
乁伯肩肇作守作寶尊彝

【𦣝部】

## 巸

㠱公壺　孳乳爲熙
它（迆）巸（熙）受福無期

慶叔匜
沱〓熙〓

【手部】

## 手

蔡簋
蔡拜手䭬首

## 拜

瘨鼎
拜䭬

蔡簋
蔡拜手䭬首

稽卣蓋
稽拜䭬首

叔弓鎛
尸用或敢再拜䭬首

甹鐘
甹敢拜䭬首

牧簋
牧拜䭬首

# 揚 承 擇

叔弓鐘四
弓用或敢再拜䭬首

叔弓鐘二
弓敢用拜䭬首

師𩛥簋
𩛥拜䭬首

麦鼎
麦拜䭬首

寰鼎
寰拜䭬首

𢦏簋蓋
𢦏拜䭬首

鄸簋蓋
鄸拜䭬首

鄸簋
鄸拜䭬首

𡌬盨
𡌬拜䭬首

稽卣
稽拜䭬首

叔弓鎛
弓敢用拜䭬首

何簋
何拜䭬首

王子吳鼎　从廾　睪字重見
王子吳擇其吉金

師訇簋
古（故）亡承于先王

叔弓鎛
毋或承頪

叔弓鐘六
毋或承頪

師秦宮鼎
敢對揚天子丕顯休

𢦏簋蓋
對揚王休

何簋
對揚天子魯命

師艅尊
艅則對揚氒德

師𩛥簋
敢對揚皇君休

𪓐卣
揚尹休

寰鼎　敢對揚天子丕顯叚
（嘏）休令

晉姜鼎
敏揚氒光剌（烈）

鄸簋蓋
敢對揚天子休命

敔簋
敔敢對揚天子休

師毛父簋
對揚王休

師訇簋
敢對揚天子休

# 女

師艅鼎　艅則對揚氒德

大夫始鼎　大夫始敢對揚天子休

害簋一　對揚王休命

害簋二　對揚王休命

害簋三　對揚王休命

鄦簋蓋　敢對揚天子休命

牧簋　敢對揚王丕顯休

塱盨　對揚天子丕顯魯休

伯克壺　伯克敢對揚天右王伯友

稽卣蓋　對揚師淮父休

稽卣　對揚師淮父休

夌鼎　對揚王休

叔弓鎛　弗敢不對揚朕辟皇君之易（錫）休命

叔弓鐘二　弗敢不對揚朕辟皇君之易（錫）休命

## 【女部】

𠦪女鼎

婦絲觚一

婦絲觚二

中鼎　孳乳爲汝　今貺畀女（汝）福土

牧簋　令（命）女（汝）辟百寮

鄦簋蓋　易（賜）女（汝）赤市同冪黄鑾旂

㦰簋蓋　易（賜）女（汝）戠（織）玄衣

㢎父鼎一　有女（汝）多兄

中甗　余令女（汝）史（使）小大邦

叔弓鎛　余命女（汝）𤔲辝釐邑𨘋或徒四千

叔弓鐘二　女（汝）䢅勞朕行師

叔弓鐘二　爲女（汝）敬寮

虘父鼎一　☐又達女（汝）

虘父鼎一　隹女（汝）率我友㠯事

虘父鼎二　有女（汝）多兄

虘父鼎二　☐又達女（汝）

𢦏簋蓋　令女（汝）乍（作）嗣土

害簋一　易（賜）女（汝）朿朱帶

害簋二　易（賜）女（汝）朿朱帶

害簋三　易（賜）女（汝）朿朱帶

①
中甗　氒又舍女①（汝）𠦪量至于女庸

鄦簋蓋　昔先王既令（命）女（汝）乍（作）邑

鄦簋　昔先王既令（命）女（汝）乍（作）邑

鄦簋　易（賜）女（汝）赤市同巠黃鑾旂

②
中甗　氒又舍女（汝）𠦪量至於女②庸、小多𢀛

師㝨簋　女（汝）有隹小子

師㝨簋　余令女（汝）死我家

師㝨簋　易（賜）女（汝）戈琱㦸厚彤沙

蔡簋　昔先王既令女（汝）乍（作）宰

蔡簋　令女（汝）眔曶𩁹疋（胥）對各

蔡簋　告女（汝）

蔡簋　女（汝）弗善效姜氏人

蔡簋　易（賜）女（汝）玄衮衣赤舄

師訇簋　亦則女（汝）乃聖祖考

師訇簋　卿（向）女（汝）及屯卹周邦

師訇簋　今余隹醽豪乃令〓女（汝）叀雝我邦小大猷

師訇簋　谷女（汝）弗以乃辟函于艱

師訇簋　易（賜）女（汝）䰜鬯一卣

牧簋　昔先王既令女（汝）作嗣士

牧簋　女（汝）毋敢☐☐先王乍（作）明井（刑）用

牧簋　易（賜）女（汝）䰜鬯一卣

𡓱盨　迺𦥑佣即女（汝）

塱盨 易（賜）女（汝）𩰫鬯一卣

叔弓鎛 女（汝）弓

叔弓鎛 女（汝）小心愄〈畏〉忌

叔弓鎛 女（汝）不㒸夙夜

叔弓鎛 余命女（汝）政于朕三軍

叔弓鎛 女（汝）敬共辝命

叔弓鎛 女（汝）雁（應）鬲公家

叔弓鎛 女（汝）㽙勞朕行師

叔弓鎛 女（汝）肇敏于戎攻

叔弓鎛 余易（賜）女（汝）釐都脊劋

叔弓鎛 爲女（汝）敵寮

叔弓鎛 女（汝）康能乃有事眔乃敵寮

叔弓鎛 女（汝）弓

叔弓鎛 女（汝）尃余于艱卹

叔弓鎛 余命女（汝）裁差（左）卿

叔弓鎛 女（汝）台〈以〉尃戒公家

叔弓鎛 女（汝）台（以）卹余朕身

叔弓鎛 余易（賜）女（汝）車馬戎兵

叔弓鎛 女（汝）台（以）戒戎乍（作）

叔弓鎛 女（汝）考壽萬年

叔弓鐘一 女（汝）弓

叔弓鐘一 女（汝）小心愄（畏）忌

叔弓鐘一 女（汝）不㒸夙夜

叔弓鐘一 余命女（汝）政于朕三軍

叔弓鐘二 女（汝）敬共辝命

叔弓鐘二 女（汝）雁（應）鬲公家

叔弓鐘二 女（汝）肇敏于戎攻

叔弓鐘二 余易（賜）女（汝）釐都脊劋

叔弓鐘二 余命女（汝）嗣辝釐邑遻或徒四千

叔弓鐘三 女（汝）康能乃有事眔乃敵寮

# 姜 姓

叔弓鐘三
女（汝）弓

叔弓鐘三
女（汝）尃余于艱卹

叔弓鐘三
余命女（汝）裁差〈左〉正卿

叔弓鐘四
女（汝）台（以）卹余朕身

叔弓鐘四　余易（賜）女（汝）
車馬戎兵

叔弓鐘四　女（汝）台（以）
戒戎乍（作）

叔弓鐘七
女（汝）考壽萬年

師餘尊
王女（如）上医

師餘鼎
王女（如）上医

史伯碩父鼎　史伯碩父追考
于朕皇考釐中王母泉女尊鼎

史伯碩父鼎　史伯碩父追考
于朕皇考釐中王母泉女

帛女鬲
帛女乍（作）齋鬲

京姜鬲
京姜□女乍（作）尊鬲

史顆鼎　史顆乍（作）朕皇考
釐中王母泉女尊鼎

慶叔匜
男女無期

叔弓鐘五
其配襄公之妣而鹹公之女

叔弓鎛
其配襄公之妣而鹹公之女

鄦子鐘一
沬壽毋已

秦公鐘　不从女　生字重見
萬生（姓）是敕

晉姜鼎
晉姜曰

晉姜鼎
晉姜用祈綽綰沬壽

叔俫孫父簋
叔俫孫父乍（作）孟姜尊簋

录旁仲駒父簋一
录旁仲駒父乍（作）仲姜簋

录旁仲駒父簋二
录旁仲駒父乍（作）仲姜簋

录旁仲駒父簋蓋
录旁仲駒父乍（作）仲姜簋

虢姜鼎 虢姜乍（作）寶尊鼎

京姜鬲 京姜[illegible]女乍（作）尊鬲

伯庶父簋 伯庶父乍（作）王
姑凡姜尊簋

虢姜簋 虢姜乍（作）寶簋

散季簋 散季肇乍（作）朕
王母叔姜寶簋

伯百父簋 伯百父乍（作）周姜寶簋

虢姜簋蓋 虢姜乍（作）寶尊簋

虢姜簋蓋 虢姜其萬年沬壽

蔡簋 出入姜氏令

蔡簋 汝弗善效姜氏人

伯𡨦史盂 伯𡨦史乍（作）季姜寶盂

慶叔匜 慶叔乍（作）朕子孟姜盥匜

㠱公壺 㠱公乍（作）爲子叔
姜□盥壺

遲父鐘 遲父乍（作）姬齊姜龢䕨鐘

# 姬

尹考鼎

伯鄀父鼎 乍（作）周姬寶尊鼎

應侯簋 應侯乍（作）姬邍母尊簋

師訇簋 用乍（作）朕剌祖乙
伯同益姬寶簋

齊侯盤 齊侯乍（作）楚姬寶盤

姬寏母豆 姬寏母

[illegible]父簋 [illegible]父乍（作）姬獻賸簋

齊侯匜 齊侯乍（作）楚姬寶匜

寰鼎 用乍（作）朕皇考奠
伯姬尊鼎

叔姬鼎 [illegible]金父乍（作）叔
姬寶尊鼎

季姬匜 季姬乍（作）匜

㪤姬壺 㪤姬乍（作）寶彝

遲父鐘 遲父乍（作）姬齊姜龢䕨鐘

姑　妘　婚　婦　母

師寏父鼎

仲姑匜
仲姑義母乍（作）旅匜

塱盨　叔邦父叔姑萬年子=孫=永寶用

及層生簋
及層生乍（作）尹姑尊簋

叀鼎　說文籀文从員
叀乍（作）𢽾伯娟氏卩鼎

夌鼎
用乍（作）季娟寶尊彝

文考日癸卣
其以父癸夙夕䣛爾百婚遘

婦姒觚一　不从女　帚字重見

史伯碩父鼎　女字重見
王母泉女

乆母辛卣器

乆母辛卣蓋

史顯鼎　史顯乍（作）朕皇考
𥁰中王母泉女尊鼎

散季簋　散季肇乍（作）朕王
母叔姜寶簋

姬寏母豆
姬寏母

叔弓鎛
用享于其皇祖皇妣皇母皇考

母乙鬲
母乙

姿卣蓋
用作母乙彝

應侯簋　雁（應）侯乍（作）
姬邍母尊簋

仲姞匜
仲姞義母乍（作）旅匜

叔弓鐘六
用享于其皇祖皇妣皇母皇考

盚父鼎一
毋又達汝

豐作父丁簋
毋不戒

蔡簋
毋敢又（有）不聞

蔡簋
毋敢又（有）不聞

牧簋　女（汝）毋敢□□先王作明井（刑）用

牧簋
毋敢不明不中不井（刑）

師𩚬簋　又讀作毋
毋敢否善

叔弓鎛
左右毋諱

叔弓鎛
毋曰余小子

牧簋
毋敢不尹冂不中不井（刑）

叔弓鎛
毋或承頪

①
叔弓鎛
毋①疾毋已

②
叔弓鎛
毋疾毋②已

叔弓鐘一
左右毋諱

叔弓鐘三
毋曰余小子

叔弓鐘六
毋或承頪

①
叔弓鐘七
毋①疾毋已

②
叔弓鐘七
毋疾毋②已

# 姑

晉姜鼎
余隹司（嗣）朕先姑君晉邦

伯庶父簋
伯庶父作王姑凡姜尊簋

# 妣

妣丁爵　不从女　匕字重見

叔弓鎛
用享于其皇祖皇妣皇母皇考

叔弓鐘六
用享于其皇祖皇妣皇母皇考

# 始

大夫始鼎
大夫始易（賜）友𧢲

大夫始鼎
始獻工

大夫始鼎
始易（賜）友曰考曰攸

大夫始鼎
大夫始敢對揚天子休

# 如

師𩚬鼎　女字重見
王女（如）上医

妄

晉姜鼎 余不叚（暇）妄（荒）寧

愧

叔弓鎛 女（汝）小心愧（畏）忌

叔弓鐘一 女（汝）小心愧（畏）忌

妥

晉姜鼎 用康㜲妥懷遠埶君子

師訇簋 妥立余小子

※□

叔弓鎛 女（汝）□勞朕行師

叔弓鐘二 女（汝）□勞朕行師

※□

叔弓鎛 其配襄公之□而鹹公之女

叔弓鐘五 其配襄公之□而鹹公之女

※嬭

楚王鐘 楚王賸邛仲嬭南龢鐘

※嫞

□公鋪 □公乍（作）杜嫞尊鋪

## 【毋部】

毋

□父鼎一 毋又達汝 母字重見

## 【民部】

## 民

晉姜鼎
諧（乂）我萬民

師訇簋
雩四方民亡不康静

秦公鐘
协龢萬民

牧簋
亦多虐庶民

叔弓鎛
諫罰朕庶民

叔弓鐘一
諫罰朕庶民

## 【丿部】

## 弗

蔡簋
女（汝）弗善效姜氏人

師訇簋
谷女（汝）弗以乃辟函于艱

叔弓鎛
弓不敢弗憼戒

叔弓鐘二　弗敢不對揚朕辟
皇君之易（錫）休命

叔弓鎛
余弗敢灋（廢）乃命

叔弓鐘一
弓不敢弗憼戒

叔弓鐘二　弗敢不對揚朕辟
皇君之易（錫）休命

叔弓鐘四
余弗敢灋（廢）乃命

## 【氏部】

## 氏

叀鼎
叀乍（作）散伯娼氏卩鼎

蔡簋
女（汝）弗善效姜氏人

敔簋
使尹氏受

蔡簋
出入姜氏令

塱盨
雩邦人正人師氏人

## 乇

厚趠方鼎　趠用乍（作）乇文
考父辛寶尊齋

師紷尊
用乍（作）乇文考寶彝

師訇簋
用夾召乇辟

叔弓鎛
虘卹氒死事

叔弓鐘五
敗氒靈師

叔弓鐘二
慎中氒罰

晉姜鼎
敏揚氒光剌

晉姜鼎
𩕢取氒吉金

師餘鼎
餘則對揚氒德

師餘尊
餘則對揚氒德

師餘鼎
其乍（作）氒文考寶鼎

中甗
氒又舍女（汝）[illegible]量至於女庣小多乂

中甗
伯買□□□氒人□漢中州

中甗
氒人𠬝廿夫

中甗
氒貯[illegible]言曰貯[illegible]貝日傳[illegible]王□休

召父簋
召父乍（作）氒□寶彝

叔倲孫父簋
永令彌氒生

敔簋
復付氒君

蔡簋
氒又（有）見又（有）即令

蔡簋
氒非先告蔡

師訇簋
乍（作）氒[illegible]

師訇簋
臨保我氒周

牧簋
氒訊庶右粦

牧簋
今[illegible]司匐氒辠召故

①
塱盨
卑（俾）復虐逐氒①君氒師

②
塱盨
卑（俾）復虐逐氒君氒②師

塱盨
氒行正命

秦公鐘
保䕌氒秦

秦公鐘
氒名曰[illegible]邦

叔弓鎛
雩氒行師

叔弓鎛
慎中氒罰

叔弓鐘一
虘卹氒死事

叔弓鐘二
雩氒行師

樊卣　尹其恒萬年受氒永魯亡（無）競

楚公鐘　氒格曰

戉王者旨於賜鐘　戉王者旨於賜擇氒吉金

## 【戈部】

# 戈

戈父己卣

戈觶

戈父辛觶一

父甲鼎

子鼎二

戈卣

甲戈觚

戈父辛觶二

寰鼎　戈琱戜必（柲）彤沙（綏）

害簋三　易（賜）戈琱戜彤沙（綏）

害簋一　易（賜）戈琱戜彤沙（綏）

害簋二　易（賜）戈琱戜彤沙（綏）

師訇簋　易（賜）女（汝）戈戜戟厚必（柲）彤屡

稽卣蓋

稽卣

# 肇

言鼎

仲酉父甗　仲酉父肇乍（作）甗

伯梡簋一　伯梡盧肇乍（作）皇考剌公尊簋

叔弓鎛　女（汝）肇敏于戎攻

伯梡簋二　伯梡盧肇乍（作）皇考剌公尊簋

叔弓鐘二　女（汝）肇敏于戎攻

# 戎

叔弓鎛　女（汝）肇敏于戎攻

叔弓鎛　余易（賜）女（汝）車馬戎兵

叔弓鐘四　女（汝）台（以）戒戎作

叔弓鎛
女（汝）台（以）戒戎作

叔弓鐘二
女（汝）肇敏于戎攻

叔弓鐘四　余易（賜）女（汝）
車馬戎兵

戎𨖑鐘　右鼓
戎𨖑

# 戍

己酉簋
戍𢦏尊宜于召

稽卣蓋
稽從師淮父戍于古𠂤

稽卣器
稽從師淮父戍于古𠂤

# 或

南宫中鼎一　孳乳爲國
王令中先省南國貫行

南宫中鼎二
王令中先省南國貫行

中甗
王令中先省南國貫行

牧簋
今余唯或𡧊改

叔弓鎛
毋或承頪

叔弓鐘四
弓用或敢再拜䭫首

叔弓鎛
弓用或敢再拜䭫首

叔弓鐘六
毋或承頪

# 武

中鼎　武王之武　从武从王
易（賜）于武王作臣

豐作父丁簋
遘于武乙彡日

敔簋
武公入右敔

秦公鐘
𧽊₌文武

𦣞簋　𦣞作皇祖益公文公武
伯皇考龏伯𩵦彝

師訇簋
丕顯文武

叔弓鐘五
有共于𥫍武靈公之所

叔弓鎛　曰武靈成子₌孫₌羕
（永）保用享

叔弓鐘五
有共于𥫍武靈公之所

叔弓鐘五
𥫍武靁公易（賜）尸吉金

叔弓鐘七
曰武靈成子孫永保用享

戎𨖑鐘

## 戠

戠簋蓋　孳乳爲織　易（賜）女（汝）戠（織）玄衣

## 戔

伯戔盨　邛仲之孫伯戔自作饋盨

伯戔盤　邛仲之孫伯戔自乍（作）顋盤

## 戚

秦公鐘　其音戚（肅）雝〻、

叔弓鐘六　戚（肅）㗊〻

叔弓鎛　戚（肅）㗊〻

## ※㦸

寰鼎　戈琱㦸耶必（柲）彤沙（緌）

害簋一　易（賜）戈琱㦸彤沙（緌）

害簋二　易（賜）戈琱㦸彤沙（緌）

害簋三　易（賜）戈琱㦸彤沙（緌）

師訊簋　易（賜）女（汝）戈戫㦸厚必（柲）彤屋

## 戫

師訊簋　易（賜）女（汝）戈戫㦸厚必（柲）彤屋

## ※戜

叔弓鎛　余命女（汝）嗣辝釐邑遚戜徒四千

叔弓鐘二　余命女（汝）嗣辝釐邑遚戜徒四千

## ※𣲘

文考日癸卣　乃𣲘子壴乍（作）父癸旅宗尊彝

## 【我部】

## 我

晉姜鼎　宣卹我猷

晉姜鼎　𪇴（乂）我萬民

師訊簋　𦔻嗣我西扁東扁

師𩛥簋 乃祖考有[illegible]于我家

師𩛥簋 余令女（汝）死我家

師訇簋 臨保我氒周

師訇簋 今余唯𤕌𡩜乃令=女（汝）叀雝我邦小大猷

𪒠父鼎一 隹女（汝）率我友𠭯事

[illegible]盨 用辟我一人

鄦子鐘一 用樂嘉賓大夫及我𥿫友

晉姜鼎 嘉遣我

仲姞匜 仲姞義母乍（作）旅匜

叔弓鎛 簫義政

叔弓鐘七 簫=義政

## 【亡部】

師訇簋 肄皇帝亡（無）斁

師訇簋 亡不康静

㽙卣 尹其恒萬年受氒永魯亡（無）競

師訇簋 古（故）亡承于先王

遲公鐘 厌父眔齊萬年沬壽子=孫=亡彊寶

戉王者旨於賜鐘 萬枼亡（無）疆

乙鼎 孳乳爲作

[illegible]簋 [illegible]乍（作）寶簋

大中作父丁卣

叀鼎

黃季舟 自乍（作）□[illegible]

魯正叔盤 魯正叔之[illegible]乍（作）鑄其御[illegible]

[illegible]仲盉 自乍（作）[illegible]

𢊁卣蓋 用乍（作）兄癸彝

鄦子鐘一 自乍（作）鈴鐘

楚王酓章編鐘
乍（作）曾医乙宗彝

楚王酓章鐘　楚王酓章乍
（作）曾医乙宗彝

單[illegible]甗
單[illegible]乍（作）從彝

單[illegible]鼎二

录旁仲駒父簋二
录旁仲駒父乍（作）仲姜簋

[illegible]鼎二
自乍（作）寶鼎

内叔鼎

作寶鼎

伯申鼎

[illegible]鼎

□乍（作）父丁鼎

[illegible]鼎

中鼎

伯鼎

王伯鼎

單[illegible]鼎一

豐鼎

伯員鼎

伯咸父鼎

周公鼎

宋□□右鼎

師奐父鼎

絲駒父鼎

言鼎

乙公鼎

[illegible]蔡生鼎

伯郤父鼎

琟叔鼎
乍（作）寶鬲鼎

[illegible]鼎一
自乍（作）寶鼎

叔液鼎
叔液自乍（作）饙鼎

仲父鼎 用乍（作）寶鼎

厚趠方鼎 趠用乍（作）氒文考父辛寶尊齋

王子吳鼎 自乍（作）飤𩰫

瘨鼎 用乍（作）皇祖文考盂鼎

豐鼎 王迖于乍（作）册般新宗

豐鼎 王商（賞）乍（作）册豐貝

豐鼎 用乍（作）父己寶

中鼎 易（賜）于武王乍（作）臣

中鼎 乍（作）乃采

㚸鼎 用乍（作）季娟寶尊彝

雝公諴鼎 下鄀雝公諴乍（作）尊鼎

師秦宮鼎 用乍（作）尊鼎

史顯鼎 史顯乍（作）朕皇考釐中王母泉女尊鼎

微䜌鼎 䜌乍（作）朕皇考䜌彝尊鼎

寰鼎 用乍（作）朕皇考奠伯姬尊鼎

晉姜鼎 用乍（作）寶尊鼎

晉姜鼎 乍（作）疐爲亟

師餘鼎 其乍（作）氒文考寶鼎

師餘尊 其乍（作）氒文考寶彝

友史鼎 乍（作）册友史賜賣貝

友史鼎 用乍（作）父乙尊

父癸鼎 父癸乍（作）尊

穆作父丁鼎 穆乍（作）父丁寶尊

虢姜鼎 虢姜乍（作）寶尊鼎

大夫始鼎 用乍（作）文考日己寶鼎

𢒼作父癸鼎 𢒼乍（作）父癸寶尊彝

瀝季鬲 瀝季乍（作）

伯鬲 伯乍（作）寶彝

師□鬲 師□乍（作）寶鬲

帛女鬲 帛女乍（作）齋鬲

虢叔鬲一
虢叔乍（作）尊鬲

聿造鬲
聿造乍（作）尊鬲

虢叔鬲二
虢叔乍（作）叔殷穀尊鬲

[illegible]鬲
[illegible]□乍（作）尊鬲

京姜鬲
京姜[illegible]女乍（作）尊鬲

仲□父鬲
仲□父乍（作）尊□鬲

[illegible]鬲
[illegible]乍（作）尊鬲

作祖己甗
乍（作）祖己尊彝

亞無壽作父己甗

伯鎜父甗
伯鎜父乍（作）旅獻（甗）

仲酉父甗
仲酉父肈乍（作）甗

史[illegible]父甗
史[illegible]父乍（作）旅甗

中甗
用乍（作）父乙寶彝

史利𠤳一
史利乍（作）𠤳

史利𠤳二
史利乍（作）𠤳

都于子斯𠤳一
都于子斯自乍（作）旅𠤳

都于子斯𠤳二
都于子斯又自乍（作）旅𠤳

内公𠤳
内公乍（作）鑄寶𠤳

叔邦父𠤳
叔邦父乍（作）𠤳

弭仲𠤳
弭仲乍（作）寶𠤳

虢叔簠
虢叔乍（作）

作寶尊彝簋蓋
乍（作）寶尊彝

單[illegible]簋
單[illegible]乍（作）從彝

[illegible]簋
[illegible]乍（作）寶尊彝

嗣工簋
嗣工乍（作）寶彝

召父簋
召父乍（作）[illegible]□寶彝

作寶簋一
乍（作）寶彝

作寶簋二
乍（作）寶彝

作寶簋三
乍（作）寶彝

作父辛簋
乍（作）父辛彝

[illegible]簋

[illegible]乍（作）寶尊彝

舟虔簋一

舟虔乍（作）旅簋

舟虔簋二

舟虔乍（作）旅簋

仲西父簋蓋

仲西父乍（作）旅簋

伯庶父簋　伯庶父乍（作）王

姑凡姜尊簋

仲言父簋蓋

仲言父乍（作）旅簋

作父乙簋

[illegible]乍（作）父乙彝

古作父丁簋

古乍（作）父丁寶尊彝

師望簋

大師小子師望乍（作）䵼彝

史[illegible]父簋蓋

史[illegible]父乍（作）尊簋

①

[illegible]伯簋　[illegible]伯肩肈乍（作）①

守乍（作）寶尊彝

②

[illegible]伯簋　[illegible]伯肩肈乍（作）

守乍（作）②寶尊彝

貣簋

貣乍（作）文考日癸寶尊彝

應厌簋

應厌乍（作）姬遵母尊簋

[illegible]仲奠父簋

[illegible]仲奠父乍（作）尊簋

伯椃簋一　伯椃虘肈乍（作）

皇考剌公尊簋

伯椃簋二　伯椃虘肈乍（作）

皇考剌公尊簋

[illegible]父簋

[illegible]父乍（作）姬獻賸簋

彔旁仲駒父簋蓋

彔旁仲駒父乍（作）仲姜簋

彔旁仲駒父簋一

彔旁仲駒父乍（作）仲姜簋

散季簋　散季肈乍（作）朕

王母叔姜寶簋

[illegible]生簋

[illegible]生[illegible]乍（作）寶簋

及[illegible]生簋

及[illegible]生乍（作）尹姑尊簋

叔旦簋

叔旦乍（作）寶簋

伯百父簋

伯百父乍（作）周姜寶簋

秦簋

用乍（作）父囗尊彝

豐作父丁簋

用乍（作）父丁尊彝

[illegible]簋　[illegible]乍（作）皇祖益公

文公武伯皇考龏伯䵼彝

叔倲孫父簋

叔倲孫父乍（作）孟姜尊簋

師毛父簋

用乍（作）寶簋

虢姜簋蓋 虢姜乍（作）寶尊簋

戠簋蓋 令女（汝）乍（作）嗣土

戠簋蓋 用乍（作）朕文考寶簋

害簋一 用乍（作）文考寶簋

害簋二 用乍（作）文考寶簋

害簋三 用乍（作）文考寶簋

師奐父盨一 師奐父乍（作）旅須（盨）

師奐父盨二 師奐父乍（作）旅須（盨）

京叔盨 京叔乍（作）[illegible]盨

師望盨 大師小子師望乍（作）䵼彝

叔良父盨 叔良父乍（作）旅盨

[illegible]公鋪 [illegible]公乍（作）杜嫞尊鋪

鄦簋蓋 昔先王既令（命）女（汝）乍（作）邑

鄦簋蓋 鄦用乍（作）朕皇考龏伯尊簋

鄦簋 昔先王既令（命）女（汝）乍（作）邑

鄦簋 鄦用乍（作）朕皇考龏伯尊簋

師㝬簋 用乍（作）朕文考乙仲䵼簋

敔簋 用乍（作）尊簋

蔡簋 昔先王既令女（汝）乍（作）宰

蔡簋 用乍（作）寶尊簋

師訇簋 乍（作）氒[illegible]

師訇簋 用乍（作）朕剌〈烈〉祖乙伯同益姬寶簋

師訇簋 用乍（作）川宮寶

牧簋 昔先王既令女（汝）乍（作）嗣士

牧簋 不用先王乍（作）井〈刑〉

牧簋 女（汝）毋敢□□先王乍（作）明井（刑）用

牧簋 用乍（作）朕皇文考益伯寶尊簋

伯戔盨 邛仲之孫伯戔自乍（作）饙盨

伯戔盤 邛仲之孫伯戔自乍（作）顋盤

姬奐母豆 姬奐母乍（作）大公孝公静公豆

史孫𨰾盤 史孫𨰾乍（作）

齊厌盤 齊厌乍（作）楚姬寶盤

曾師盤 自乍（作）寶盤

伯索史盂 伯索史乍（作）季姜寶盂

叔匜 叔乍（作）旅匜

季姬匜 季姬乍（作）匜

孟皇父匜 孟皇父乍（作）旅匜

寒戊匜 寒戊乍（作）寶匜

弭伯匜 弭伯乍（作）旅匜

𤔲□匜 乍（作）𤔲□彝

仲姞匜 仲姞義母乍（作）旅匜

齊厌匜 齊厌乍（作）楚姬寶匜

田季加匜器 隹田季加自乍（作）寶匜

單冥生豆 單冥生乍（作）羞豆

塱盨 迺乍（作）余一人□

塱盨 用乍（作）寶盨

單光盉蓋 單□乍（作）從彝

伯玉盉 伯玉□乍（作）寶盉

𣪕姬壺 𣪕姬乍（作）寶彝

員公壺 員公乍（作）爲子叔姜□盥壺

召仲考父壺 召仲考父自乍（作）壺

伯克壺 用乍（作）朕穆考後仲尊𩫖

□伯罍 □伯乍（作）寶尊彝

作寶尊彝卣一 乍（作）寶尊彝

作寶尊彝卣二 乍（作）寶尊彝

□作祖乙卣蓋 □乍（作）祖乙寶尊彝

□作父己卣蓋 □乍（作）父己寶尊彝

□作父己卣器 □乍（作）父己寶尊彝

敟作父辛卣蓋 敟乍（作）父辛旅彝

敟作父辛卣器 敟乍（作）父辛旅彝

殀卣蓋
用乍（作）母乙彝

殀卣
[illegible]乍（作）祖辛[illegible]尊彝

𢐗卣器
用乍（作）兄癸彝

伯卣一
伯乍（作）寶尊彝

伯卣二
伯乍（作）寶尊彝

伯卣三
伯乍（作）寶尊彝

[illegible]作父乙卣蓋
[illegible]乍（作）父乙寶彝

[illegible]作父乙卣器
[illegible]乍（作）父乙寶彝

稽卣蓋
用乍（作）文考日乙寶尊彝

稽卣器
用乍（作）文考日乙寶尊彝

文考日癸卣
乃戒子壴乍（作）父癸旅宗尊彝

引觚
乍（作）旅觚

召作父丁爵
召乍（作）父丁尊彝

單[illegible]觚

凡作父乙觶
凡乍（作）父乙尊彝

[illegible]作父己觶
[illegible]乍（作）父己寶尊彝

諫作父己觶
亞[illegible]諫乍（作）父己尊彝

何觶
何乍（作）埶[illegible]丁辛尊彝

中觶蓋
用乍（作）父乙寶尊彝

中觶器
用乍（作）父乙寶尊彝

作祖乙角

[illegible]觥
[illegible]乍（作）寶彝

文[illegible]觥器
用乍（作）文[illegible]己寶彝

作從單尊

作祖丁尊

作寶尊彝尊

作祖戊尊

噩[illegible]尊
噩[illegible]乍（作）寶尊

[illegible]伯尊
[illegible]伯[illegible]乍（作）尊彝

丁亥父乙尊
用乍（作）父乙尊彝

# 匃 無

走鐘一　走乍（作）朕皇祖
文考寶龢鐘

走鐘二　乍（作）朕皇祖文
考寶龢鐘

走鐘三　走乍（作）朕皇祖
文考寶龢鐘

走鐘四　走乍（作）朕皇祖
文考寶龢鐘

走鐘五　走乍（作）朕皇祖
文考寶龢鐘

鄦子鐘二
自乍（作）鈴鐘

遲父鐘
遲父乍（作）姬齊姜龢[illegible]鐘

叔弓鎛
其乍（作）福元孫

秦公鐘
乍（作）盄龢□

叔弓鐘六
其乍（作）福元孫

何簋
用乍（作）寶簋

作寶尊彝簋
乍（作）寶尊彝

單[illegible]簋
單[illegible]乍（作）從彝

樊卣
高對乍（作）父丙寶尊彝

齊莽史喜鼎
齊莽史喜乍（作）寶鼎

㝛父鼎一
㝛父乍（作）[illegible]寶鼎

[illegible]甗
自乍（作）寶甗

楚公鐘
楚公逆自乍（作）大雷鎛

慶叔匜
慶叔乍（作）朕子孟姜盥匜

叔弓鐘四　女（汝）台（以）
戒戎乍（作）

叔弓鐘六
弓用乍（作）鑄其寶鐘

叔弓鎛　女（汝）台（以）戒
戎乍（作）

叔弓鎛
用乍（作）鑄其寶鎛

祖辛卣
[illegible]乍（作）祖辛[illegible]尊彝

叔液鼎　不从亡　無字重見
萬年無疆

史伯碩父鼎
用祈匃百录（禄）沫壽

史顯鼎
用祈匃沫壽

伯克壺
克用匃沫壽無疆

遲父鐘

乃用祈匃多福

虢姜簋蓋

祈匃康屯（純）右（佑）

【匸部】

## 匽

鄦子鐘

用匽以喜

## 匹

晉姜鼎

用召匹辝辟

## 匜

孟皇父匜　不从匚　它字重見

孟皇父乍（作）旅匜

叔匜　从金

叔乍（作）旅匜

慶叔匜

慶叔乍（作）朕子孟姜盥匜

季姬匜

季姬乍（作）匜

【匚部】

## 𠥃

史利𠥃一

史利乍（作）𠥃

鄀于子斯𠥃二

鄀于子斯又自乍（作）旅𠥃

鄀于子斯𠥃一

鄀于子斯自乍（作）旅𠥃

内公𠥃

内公乍（作）鑄寶𠥃

史利𠥃二

史利乍（作）𠥃

叔邦父𠥃

叔邦父乍（作）𠥃

弭仲𠥃

弭仲乍（作）寶𠥃

## 【瓦部】

伯𥂴父甗　从犬　通獻

伯𥂴父乍（作）旅獻（甗）

## 【弓部】

叔弓鎛

女（汝）弓

叔弓鎛

弓

叔弓鎛

弓敢用拜䭫首

叔弓鎛

弓

叔弓鎛

女（汝）弓

叔弓鎛

弓用或敢再拜䭫首

叔弓鎛

弓不敢弗�becomes戒

叔弓鎛

弓箕（典）其先舊

叔弓鐘五

簉武霝公易（賜）弓吉金

叔弓鎛

雩生叔弓

叔弓鐘一

女（汝）弓

叔弓鐘一

弓不敢弗憼戒

叔弓鐘二

弓

叔弓鐘二

弓敢用拜䭫首

叔弓鐘三

弓

叔弓鐘三

女（汝）弓

叔弓鐘四

弓用或敢再拜䭫首

叔弓鐘四

弓箕（典）其先舊

叔弓鐘五

雩生叔弓

叔弓鐘六

弓用乍（作）鑄其寶鐘

弓壺

## 弭

弭仲固
弭仲作寶固

弭仲固
弭仲受無疆福

弭伯匜
弭伯乍（作）旅匜

弭仲固
弭仲屛寿

## 彊

叔邦父固　孳乳爲疆　畺字重見
子=孫=其萬年無彊（疆）

戎玨鐘

## 引

引觥
樂大嗣徒子[illegible]之子引

秦公鐘
高引又慶

叔弓鎛
余引猒乃心

叔弓鐘一
余引猒乃心

## 彌

叔倲孫父簋
永令彌氒生

## ※⿰弓古

師訇簋
邦⿰弓古潢鴿

## ※⿰弓疌

父丙卣蓋
⿰弓疌[illegible]父丙

父丙卣器
⿰弓疌[illegible]父丙

## 【弦部】

## 盭

師訇簋
盭龢雩政

# 孫

**【系部】**

寰鼎
寰其萬年子孫永寶用

異簋
其子=孫永寶用享于宗室

叔弓鐘六
其作福元孫

内公簠
子孫永寶用享

楚公鐘
孫子其永寶

史孫𨬛盤
史孫𨬛作

晉姜鼎
畯保其孫子

伯戔盨
邛仲之孫伯戔自作饙盨

厚趠方鼎
其子=孫永寶

叔倲孫父簋
叔倲孫父作孟姜尊簋

君季鼎

齊侯匜
其萬年子=孫永保用

微䜌鼎
䜌子=孫永寶用享

蔡簋
子=孫永永寶用

妦簋
其萬年子孫永寶用

及層生簋
子=孫永寶用享考

師艅鼎
孫子=永寶用

師獣簋
獣其萬年子=孫=永寶用享

伯戔盤
邛仲之孫伯戔自乍（作）顧盤

伯寰史盂
其萬年子孫永用

㠱公壺
子孫永保用之

𥡴卣蓋
其子=孫永福

𥡴卣
其子=孫永福

楚王鐘
子孫永保用之

走鐘一
走其萬年子=孫永寶用享

叔弓鎛
丕顯穆公之孫

叔弓鐘五
丕顯穆公之孫

叔弓鎛
其作福元孫

叔弓鐘七
曰武靈成子孫永保用享

叔弓鎛　曰武靈成子=孫羕
（永）保用享

戉王者旨於賜鐘
[illegible]余子孫

王子吴鼎
子=孫=永保用之

走鐘二
走其萬年子=孫=永寶用享

師毛父簋
其萬年子=孫=其永寶用

[illegible]生簋
子=孫=其萬㚅年用享

叔邦父固
子=孫=其萬年無彊（疆）

散季簋
散季其萬年子=孫=永寶

录旁仲駒父簋二
子=孫=永寶用享孝

录旁仲駒父簋一
子=孫=永寶用享孝

录旁仲駒父簋二
子=孫=永寶用享孝

录旁仲駒父簋一
子=孫=永寶用享孝

乙公鼎
子=孫=永寶

蔡生鼎

[illegible]鼎一

[illegible]鼎二

齊莽史喜鼎
子=孫=永寶用

仲[illegible]父鼎
其萬年子=孫=永寶用

雝公諴鼎
子=孫=永寶用

大夫始鼎
孫=子=永寶用

史伯碩父鼎
子=孫=永寶用享

史顯鼎
子孫=永寶用享

走鐘三
走其萬年子=孫=永寶用享

走鐘四
走其萬年子=孫=永寶用享

走鐘五
走其萬年子=孫=永寶用享

仲□父鬲
子=孫=□□永寶用

[illegible]鬲
其子=孫=永寶用

史[illegible]父甗
其萬年子孫=永寶用

都于子斯匜二

子=孫=永□用

鮭仲奠父簋

其萬年子=孫=永寶用

伯梡簋一

子=孫=永寶

伯梡簋二

子=孫=永寶

彔旁仲駒父簋蓋

子=孫=永寶用享孝

叔旦簋

其萬年子=孫=永寶用

叔侎孫父簋

子=孫=永寶用享

虢姜簋蓋

子=孫=永寶用享

𢦏簋蓋

其子=孫=永用

害簋一

其子=孫=永寶用

害簋二

其子=孫=永寶用

害簋三

其子=孫=永寶用

叔良父盨

其萬年子=孫=永寶用

鄦簋蓋

子=孫=永寶用享

鄦簋

子=孫=永寶用享

敔簋

敔其萬年子=孫=永寶用

師訇簋

訇其萬由年子=孫=永寶

牧簋

子=孫=永寶用

齊医盤

其萬年子=孫=永保用

魯正叔盤

子=孫=永壽用之

伯戔盤

子=孫=永寶用之

寒戊匜

子=孫=永用

弭伯匜

其子=孫=永寶用

仲姞匜

其萬年子=孫=永寶用

慶叔匜

子=孫=羕〈永〉保用之

塱盨

叔邦父叔姞萬年子=孫=永寶用

伯玉盉

其萬年子=孫=其永寶用

䢼仲盉

子=孫=其永用之

召仲考父壺

子=孫=永寶是尚

伯克壺

克克其子=孫=永寶用享

# ⿰言系

引觥

子₌孫₌永寶用

師艅尊

孫₌子₌寶

郳子鐘一

子₌孫₌永保鼓之

遲公鐘　厌父眔齊萬年沬壽

子₌孫₌亡彊寶

何簋

其萬年子₌孫₌其永寶用

楚卣

其子₌孫₌寶用

𠭯甗

其子₌孫₌永用享

㙾盨

迺⿰言系宕

# 純 經 織 終 綰 ※[illegible]

# 卷十三

## 【糸部】

純

微䜌鼎　不从糸　屯字重見

屯（純）右（佑）沬壽

經

叔弓鎛

余經乃先祖

叔弓鐘一

余經乃先祖

織

截簋蓋　不从糸　戠字重見

易（賜）汝戠（織）玄衣

終

史顳鼎　説文古文作[illegible]　不从糸

永令[illegible]終

微䜌鼎

永令靈終

[illegible]簋

靈終靈令

綰

史伯碩父鼎

綰繛永令

晉姜鼎

晉姜用祈繛綰沬壽

叔俠孫父簋

綰繛沬壽

[illegible]

鄦簋蓋

今余隹[illegible]𩫏乃命

鄦簋

今余隹[illegible]𩫏乃命

蔡簋

今余隹[illegible]𩫏乃命

師訇簋

今余隹[illegible]𩫏乃令

牧簋

今余隹[illegible]𩫏乃命

# 彝　緐

晉姜鼎
征緐湯

伯申鼎

萗簋
萗乍（作）寶尊彝

寯卣器
用作兄癸彝

單𤔲簋
單𤔲乍（作）從彝

凡作父乙觶
凡乍（作）父乙尊彝

周公鼎

召父簋
召父乍（作）𠦪□寶彝

中觶器
用乍（作）父乙寶尊彝

伯卣一
伯乍（作）寶尊彝

作父乙簋
[illegible]乍（作）父乙彝

爽卣
高對乍（作）父丙寶尊彝

寯卣蓋
用乍（作）兄癸彝

稽卣器
用乍（作）文考日乙寶尊彝

𠭯伯罍
𠭯伯乍（作）寶尊彝

祖辛卣
[illegible]乍（作）祖辛𠂤尊彝

師望簋
大師小子師望乍（作）䵼彝

師望盨
大師小子師望乍（作）䵼彝

㬎簋　武
㬎作皇祖益公文公武伯皇考龏伯䵼彝

單𤔲作从彝

豐鼎

南宮中鼎一
埶于寶彝

南宮中鼎二
埶于寶彝

麦鼎
用乍（作）季娟寶尊彝

微䜌鼎
䜌乍（作）朕皇考䵼彝尊鼎

𢍰作父癸鼎
𢍰乍（作）父癸寶尊彝

伯鬲
伯乍（作）寶彝

單𤔲甗
單𤔲乍（作）從彝

作祖己甗
乍（作）祖己尊彝

亞無壽作父己甗

中甗
用乍（作）父乙寶彝

作寶尊彝簋蓋
乍（作）寶尊彝

𤔲工簋
𤔲工乍（作）寶彝

作寶簋一
乍（作）寶彝

作寶簋二
乍（作）寶彝

作寶簋三
乍（作）寶彝

作父辛簋
乍（作）父辛彝

□簋
□乍（作）寶尊彝

古作父丁簋
古乍（作）父丁寶尊彝

□伯簋　□伯肩肇乍（作）
守乍（作）寶尊彝

貨簋
貨乍（作）文考日癸寶尊彝

秦簋
用乍（作）父□尊彝

己酉簋
□宗彝

豐乍（作）父丁簋
用乍（作）父丁尊彝

𤔲□匜
乍（作）𤔲□彝

單光盉蓋
單□乍（作）從彝

𣪘姬壺
𣪘姬乍（作）寶彝

作寶尊彝卣一
乍（作）寶尊彝

作寶尊彝卣二
乍（作）寶尊彝

□作祖乙卣蓋
□乍（作）祖乙寶尊彝

□作父己卣蓋
□乍（作）父己寶尊彝

□作父己卣器
□乍（作）父己寶尊彝

敶作父辛卣蓋
敶乍（作）父辛旅彝

敶作父辛卣器
敶乍（作）父辛旅彝

𡝂卣
用乍（作）母乙彝

𡝂卣
用乍（作）母乙彝

𡝂卣
用乍（作）母乙彝

伯卣三
伯乍（作）寶尊彝

※組 ※裁

作父乙卣蓋
乍（作）父乙寶彝

作父乙卣器
乍（作）父乙寶彝

雋卣蓋
用乍（作）文考日乙寶尊彝

文考日癸卣
乃戒子壴乍（作）父癸旅宗尊彝

召作父丁爵
召乍（作）父丁尊彝

單𦅻觚

作父己觶
乍（作）父己寶尊彝

父己觶
亞䍙諫乍（作）父己尊彝

何觶
何乍（作）父丁辛尊彝

中觶蓋
用乍（作）父乙寶尊彝

觥
乍（作）寶彝

文觥器
用乍（作）文己寶彝

乍（作）寶尊彝尊

作祖戊尊

伯尊
伯乍（作）尊彝

師艅尊
用乍（作）𡢁文考寶彝

丁亥父乙尊
用乍（作）父乙尊彝

作寶尊彝簋
乍（作）寶尊彝

單𦅻簋
單𦅻乍（作）從彝

楚王酓章編鐘
乍（作）曾医乙宗彝

楚王酓章鐘　楚王酓章乍（作）曾医乙宗彝

叔弓鎛　余命女（汝）裁差（左）卿

叔弓鐘三　余命女（汝）裁差（左）卿

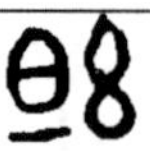
牧簋
公𠂔組入右牧

## 【素部】

繛

[glyph]
史伯碩父鼎
綰繛永令

[glyph]
晉姜鼎
晉姜用祈繛綰沬壽

[glyph]
叔俅孫父簋
綰繛沬壽

**【絲部】**

絲

[glyph]
絲駒父鼎

[glyph]
中鼎　𢆶字重見
𢆶福人入史

**【率部】**

率

[glyph]
虘父鼎一
隹汝率我友㠯事

[glyph]
師訇簋
率以乃友干（敦）吾王身

**【虫部】**

雖

[glyph]
秦公鐘
余雖小子

蠆

[glyph]
萬鼎

**【它部】**

它

[glyph]
孟皇父匜　孳乳爲匜
孟皇父乍（作）旅它（匜）

[glyph]
弭伯匜
弭伯乍（作）旅它（匜）

[glyph]
仲姞匜　仲姞義母乍（作）旅它（匜）

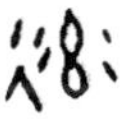

齊医匜 齊医乍（作）楚姬寶它（匜）

田季加匜器 隹田季加自乍（作）寶它（匜）

寒戊匜 寒戊乍（作）寶它（匜）

㫷公壺 它（迤）配（熙）受福無期

## 【二部】

友史鼎 在二月

伯庶父簋 隹二月戊寅

鄭簋 隹二年正月初吉

秦公鐘 十又二公

鄭簋蓋 隹二年正月初吉

師訇簋 隹元年二月既望庚寅

㝬卣 隹十又二月

晉姜鼎 乍（作）疐爲亟

㝬卣 尹其恒萬年受氒永魯亡（無）競

伯庶父簋 伯庶父乍（作）王姑凡姜尊簋

凡作父乙觶 凡乍（作）父乙尊彝

## 【土部】

土

中鼎 王令大史貺褔土

中鼎 王令大史貺褔土

戠簋蓋 令女（汝）乍（作）嗣土

堵

叔弓鎛 處禹之堵

叔弓鐘五 處禹之堵

在

琟叔鼎 才字重見 在皕宮

南宮中鼎一 在𫝀隮真山

中甗 在甶

焚卣 在周

南宮中鼎二 在𫝀隮真山

中甗 在𠂤

隮

南宮中鼎一 在𫝀隮真山

南宮中鼎二 在𫝀隮真山

圭

敔簋 𢻱敔圭瓚𠬝貝五十朋

師訇簋 易（賜）女（汝）𩰫鬯一卣圭𤔲

夌※

夌鼎 令小臣夌先省楚应

夌鼎 夌拜䭫首

夌鼎 小臣夌易（賜）貝易（賜）馬兩

塱※

塱盨

塱盨 塱拜䭫首

塼※

叔弓鎛 塼受天命

**【堇部】**

# 董

叔弓鎛　孳乳爲勤

勤勞其政事

叔弓鐘五

勤勞其政事

# 艱

師訇簋

谷女（汝）弗以乃辟函于艱

叔弓鎛

女（汝）專余于艱卹

叔弓鐘三

女（汝）專余於艱卹

## 【里部】

# 釐

史伯碩父鼎　史伯碩父追考

于朕皇考釐中王母泉女

史顯鼎　史顯乍（作）朕皇考

釐中王母泉女尊鼎

秦公鐘

以受屯（純）魯多釐

叔弓鎛　余易（賜）女（汝）

釐都脊劇

叔弓鐘二　余命女（汝）嗣辝

釐邑�india或徒四千

叔弓鐘四

釐僕三百又五十家

叔弓鎛　余命女（汝）嗣辝釐

邑遻或徒四千

叔弓鎛

釐僕三百又五十傢

叔弓鐘二　余易（賜）女（汝）

釐都脊劇

棘卣

咸釐

## 【田部】

# 田

宋□□右鼎

自乍（作）田鼎

田卣蓋

田季加匜器

隹田季加自乍（作）寶匜

戠簋蓋

官嗣耤田

敔簋

易（賜）田

敔簋

于敜五十田

# 畯　畜　疆

友史鼎
王令寢農省北田四品

敔簋
于早五十田

田卣器

戉王者旨於鐘
田〃以鼓之

晉姜鼎　从允
畯保其孫子

伯椃簋一
畯在立（位）

秦公鐘
畯疐在立（位）

秦公鐘
咸畜百辟胤士

田季加匜器
其萬年無畺（疆）

叔液鼎
萬年無疆

鄦簋
鄦其沬壽萬年無疆

雝公諴鼎
萬年無疆

虢姜簋蓋
受福無疆

楚王鐘
其沬壽無疆

遲公鐘　医父罘齊萬年沬壽
子〃孫〃亡疆寶

晉姜鼎
萬年無疆

叔夜鼎
用祈沬壽無疆

史伯碩父鼎
萬年無疆

史顯鼎
顯其萬年多福無疆

微䜌鼎
其萬年無疆

叔邦父匿
子〃孫〃其萬年無疆

弭仲匿
弭仲受無疆福

及層生簋
其萬年無疆

曩簋
萬年無疆

叔倲孫父簋
萬年無疆

鄦簋蓋
鄦其沬壽萬年無疆

# 黃

伯戔盤 用祈沬壽萬年無疆

召仲考父壺 萬年無疆

伯克壺 克用匄沬壽無疆

秦公鐘 沬壽無疆

曾師盤 □福無疆

戉王者旨於賜鐘 萬枼亡（無）疆

## 【黃部】

寰鼎 朱黃

鄦簋蓋 易（賜）汝赤市冋䙝黃鑾旂

弭仲簠 其其玄其黃

鄦簋 易（賜）汝赤市冋䙝黃鑾旂

黃季舟 黃季之季□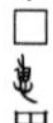用其吉金

## 【男部】

# 男

慶叔匜 男女無期

叔弓鎛 卑百斯男而埶斯字

叔弓鐘七 卑百斯男而埶斯字

## 【力部】

# 力

叔弓鎛 靈力若虎

叔弓鐘五 靈力若虎

# 勞

叔弓鎛 女（汝）𢀜勞朕行師

叔弓鐘二 女（汝）𢀜勞朕行師

叔弓鎛 勤勞其政事

## 勤

叔弓鐘五

勤勞其政事

叔弓鎛　不从力　堇字重見

勤勞其政事

## 加

田季加匜器

隹田季加自乍（作）寶匜

## 【劦部】

## 劦

己酉簋

隹王十祀劦日

𡩜卣蓋

隹王九祀劦日

𡩜卣蓋

隹王九祀劦日

## 協

秦公鐘

協龢萬民

叔弓鎛

龢歕（協）而又事

叔弓鐘六

龢歕（協）而九事

# 卷十四

## 【金部】

### 金

曾師盤

曾師季䡅用其吉金

叔弓鎛

䝼（選）擇吉金

鄦子鐘二

鄦子𪒠𠂤擇其吉金

弭仲簠

擇之金

叔弓鐘五

篁武靈公易（賜）弓吉金

師艅尊

易（賜）師艅金

晉姜鼎

𩔥取𠂤吉金

師艅鼎

易（賜）師艅金

牧簋

金車

黃季舟

黃季之季□[illegible]用其吉金

[illegible]仲盉

[illegible]仲者友用其吉金

鄦子鐘一

鄦子𪒠𠂤擇其吉金

𠌶鐘 公令宰僕易（賜）𠌶金十匀（鈞）

[illegible]鼎一

隹[illegible]用吉金

[illegible]鼎二

隹[illegible]用吉金

王子吴鼎

王子吴擇其吉金

仲[illegible]父鼎

孚金

師猒簋

五金

𡍬𤭛

金甬

叔姬鼎

[illegible]金父乍（作）叔姬寶尊鼎

[illegible]甗

隹[illegible]用吉金

戉王者旨於睗鐘

戉王者旨於賜擇𠂤吉金

## 錫

師訇簋
干無錫

## 鍚

叔弓鎛　易字重見　弗敢不對
揚朕辟皇君之易（錫）休命

## 鋚

寰鼎　不从金　攸字重見
鑾旗鋚勒

塱盨
鋚勒

## 鑄

叔夜鼎
叔夜鑄其饙鼎

内公匿
内公乍（作）鑄寶匿

叔弓鎛
用乍（作）鑄其寶鎛

叔弓鐘六
弓用乍（作）鑄其寶鐘

魯正叔盤　魯正叔之𠂤乍
（作）鑄其御𠂤

## 鍾

叔弓鎛
皋若鍾（鐘）鼓

叔弓鐘六　弓用乍（作）鑄其
寶鍾（鐘）

叔弓鐘六
皋若鍾（鐘）鼓

遲父鐘　遲父乍（作）姬齊姜
龢䕭鍾（鐘）

## 鐈

叔弓鎛
鈇鐈錛鋁

叔弓鐘六
鈇鐈玄鏐錛鋁

## 鑪

弭仲匿
鉀鈗鏷鑪

## 鋝

㦰簋蓋　不从金　寽字重見
取貸五鋝

# 鈞　鈴　鐘　銑　鎛

雩鐘　不从金　匀字重見　公令宰僕易（賜）雩金十匀（鈞）

鄦子鐘一　自乍（作）鈴鐘

鄦子鐘二　自乍（作）鈴鐘

師訊簋　鐘一

宋公鐘一　宋公戌之訶鐘

走鐘三　走乍（作）朕皇祖文考寶龢鐘

鄦子鐘一　自乍（作）鈴鐘

鄦子鐘二　穆龢鐘

楚王鐘　楚王賸邛仲嬭南龢鐘

鄦子鐘二　自乍（作）鈴鐘

宋公鐘二　宋公戌之訶鐘

宋公鐘三　宋公戌之訶鐘

宋公鐘四　宋公戌之訶鐘

宋公鐘五　宋公戌之訶鐘

宋公鐘六　宋公戌之訶鐘

走鐘一　走乍（作）朕皇祖文考寶龢鐘

走鐘四　走乍（作）朕皇祖文考寶龢鐘

走鐘五　走乍（作）朕皇祖文考寶龢鐘

鄦子鐘一　穆龢鐘

弭仲匿　鉀銑鏷鑪

叔弓鎛　用乍（作）鑄其寶鎛

楚公鐘　楚公逆自乍（作）大雷鎛

## 鉈

叔匜 从金

叔乍（作）旅鉈（匜）

慶叔匜 慶叔乍（作）朕子孟

姜盥鉈（匜）

## 鏐

叔弓鐘六

鈇鐈玄鏐鏞鋁

## 鑾

寰鼎 不从金 䜌字重見

鑾旂鋚勒

## 鈇

叔弓鎛

鈇鐈鏞鋁

叔弓鐘六

鈇鐈玄鏐鏞鋁

## 鋪

[illegible]公鋪

[illegible]公乍（作）杜嫞尊鋪

## 鏞

叔弓鎛

鈇鐈鏞鋁

叔弓鐘六

鈇鐈玄鏐鏞鋁

## 錍

弭仲𠤳

錍鈗鏷鑪

## 鏷

弭仲𠤳

錍鈗鏷鑪

## 釪※

宋君夫人鼎

## 鋁※

叔弓鎛

鈇鐈鏞鋁

叔弓鐘六

鈇鐈玄鏐鏞鋁

# 鋘※

秦公鐘
鋘静不廷

## 【几部】

# 処

叔弓鎛
処（處）禹之堵

叔弓鐘五
處禹之堵

## 【且部】

# 且

瘋鼎　用乍（作）皇且（祖）文考盂鼎

走鐘四　走乍（作）朕皇且（祖）文考寶龢鐘

[illegible]作祖乙卣蓋
[illegible]作且（祖）乙寶尊彝

雝公諴鼎
用追享考于皇且（祖）考

作祖己甗
乍（作）祖己尊彝

㝨簋　㝨乍（作）皇且（祖）益公文公武伯皇考龏伯𩰫彝

害簋一
用[illegible]乃且（祖）考事

害簋二
用[illegible]乃且（祖）考事

害簋三
用[illegible]乃且（祖）考事

師訧簋
乃且（祖）考有[illegible]于我家

師訇簋
亦則汝乃聖且（祖）考

師訇簋　用乍（作）朕剌且（祖）乙伯同益姬寶簋

祖庚史卣蓋
且（祖）庚史

祖丁卣蓋

祖丁卣

作祖乙角

祖戊觥
聿辛且（祖）戊妻

走鐘一　走乍（作）朕皇且（祖）文考寶龢鐘

# 所

走鐘二 乍（作）朕皇且（祖）文考寶龢鐘

走鐘三 走乍（作）朕皇且（祖）文考寶龢鐘

走鐘五 走乍（作）朕皇且（祖）文考宝龢鐘

秦公鐘 丕顯朕皇且（祖）

叔弓鎛 余經乃先且（祖）

叔弓鎛 丕顯皇且（祖）

叔弓鎛 用享于其皇且（祖）皇妣皇母皇考

叔弓鎛 及其高且（祖）

叔弓鐘一 余經乃先且（祖）

祖己爵

祖乙爵

祖丙爵

祖辛卣 乍（作）且（祖）辛[illegible]尊彝

祖丁觚

作祖丁尊

祖辛簋

作祖戊尊

## 【斤部】

敔簋 啚于榮伯之所

叔弓鎛 又敢（儼）才（在）帝所

叔弓鎛 是辟于齊侯之所

叔弓鐘五 有共于箟武靈公之所

叔弓鎛 有共于公所

叔弓鐘四 又敢（儼）才（在）帝所

叔弓鐘五 是辟于齊医之所

## 斯

都于子斯匜一　都于子斯自作旅匜

都于子斯匜二　都于子斯又自作旅匜

①
叔弓鎛　皐百斯①男而⿱埶女斯字

②
叔弓鎛　皐百斯男而⿱埶女斯②字

①
叔弓鐘七　皐百斯①男而⿱埶女斯字

②
叔弓鐘七　皐百斯男而⿱埶女斯②字

## 新

豐鼎　王⿺辶必于作册般新宗

## 【車部】

## 車

牧簋　金車

塱盨　赤舄駒車

奭車觚

叔弓鎛　余易（賜）女（汝）車馬戎兵

叔弓鐘四　余易（賜）女（汝）馬車戎兵

## 較

塱盨　桒較

牧簋　桒較

## ⿰車憂

塱盨　畫⿰車憂

牧簋　畫⿰車憂

## 軍

叔弓鎛　余命女（汝）政于朕三軍

叔弓鎛　𢿢龢三軍徒旜

叔弓鐘一　余命女（汝）政于朕三軍

## 輔

塱盨　則唯輔天降喪

【𠂤部】

# 𠂤

晋姜鼎
譄覃京𠂤

稽卣
稽從師淮父戍于古𠂤

鄦子鐘二
鄦子盥𠂤擇其吉金

稽卣蓋
稽從師淮父戍于古𠂤

鄦子鐘一
鄦子盥𠂤擇其吉金



中甗
𠂤（師）𠂤朿（次）

# 官

𢦏簋蓋
官嗣耤田

害簋一
官嗣尸僕小射底



害簋二
官嗣尸僕小射底

害簋三
官嗣尸僕小射底

# ※𠂤朿

中鼎　說文所無，後世假次字爲之
王在寒𠂤朿

中甗
𠂤（師）𠂤朿（次）

【阜部】

# 陰

敔簋
内伐㴖昴參泉裕敏陰陽洛

# 陽

敔簋
内伐㴖昴參泉裕敏陰陽洛

# 陂

微䜌鼎
王命微䜌耕司九陂

# 降

師訇簋

今日天疾畏降喪

㽙盨

則隹輔天降喪

## 【亞部】

# 亞

亞牧父戊鬲

亞牧父戊

亞無壽作父己甗

諫作父己觶

亞𠂤諫作父己尊彝

斁作父辛卣蓋

斁作父辛卣

亞父丁爵

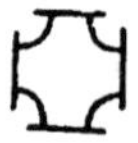

亚妣辛尊

亚父乙觚

## 【四部】

# 四

瘨鼎　説文籀文作亖

佳三年四月庚午

散季簋

隹王四年八月初吉丁亥

虢姜簋

隹王四年

害簋一

隹四月初吉

害簋二

隹四月初吉

害簋三

隹四月初吉

友史鼎

王令寑䢅省北田四品

中觶器

王易（賜）中馬自𨔼医四𩣞

中觶蓋

王易（賜）中馬自𨔼医四𩣞

雝公諴鼎

佳十又四月既死霸壬午

# 五

## 【五部】

叔液鼎

隹五月庚申

寰鼎

隹廿又八年五月既望庚寅

師秦宮鼎

隹五月既望

仲[illegible]父鼎

隹王五月初吉丁亥

楚王酓章鐘

隹王五十又六祀

叔弓鎛

隹王五月

叔弓鐘一

隹王五月辰在戊寅

㦰簋蓋

取賫五鋝

師獣簋

干五鍚

鄸簋

𦔻五邑祝

鄸簋蓋

𦔻五邑祝

師獣簋

五金

己酉簋

五隹[illegible]束

敔簋

于敜五十田

敔簋

[illegible]貝五十朋

叔弓鐘四

釐僕三百又五十家

敔簋

于早五十田

叔弓鎛

釐仆三百又五十家

五簋

凡作父乙觶蓋

# 六

## 【六部】

史伯碩父鼎

隹六年八月初吉己巳

召仲考父壺

隹六月初吉丁亥

伯克壺

隹十又六年七月既生霸乙未

# 七　九

史□父甗
隹六月初吉

師毛父簋
隹六月既生霸戊戌

楚王酓章鐘
隹王五十又六祀

秦簋
六月初吉癸卯

豐作父丁簋
隹王六祀肜日

## 【七部】

牧簋　隹王七年十又三月既生霸甲寅

伯克壺
隹十又六年七月既生霸乙未

## 【九部】

微䜌鼎
隹王廿又三年九月

晉姜鼎
隹王九月乙亥

寏卣器
隹王九祀劦日

己酉簋
在（才）九月

寏卣蓋
在（才）九月

寏卣器
在（才）九月

寏卣器
隹王九祀劦日

微䜌鼎
王命微䜌耤司九陂

叔弓鎛
咸有九州

叔弓鐘五
咸有九州

己酉簋
𩁹九律𩁹

叔弓鐘六
龢獸而九事

## 【厹部】

敔簋
告禽馘百訊卌

叔液鼎
萬年無疆

齊侯匜
其萬年子=孫永保用

走鐘五
走其萬年子=孫=永寶用享

及屖生簋
其萬年無疆

走鐘四
走其萬年子=孫=永寶用享

樊卣　尹其恒萬年受氒永魯
亡（無）競

仲姞匜
其萬年子=孫=永寶用

召仲考父壺
萬年無疆

田季加匜器
其萬年無畺（疆）

[illegible]蔡生鼎

伯鄀父鼎

齊莽史喜鼎
其沬壽萬年

仲[illegible]父鼎
其萬年子=孫=永寶用

瘨鼎
瘨萬年永寶用

雝公諴鼎
萬年無疆

師秦宮鼎
□其萬年永寶用

史伯碩父鼎
萬年無疆

微䜌鼎
其萬年無疆

晉姜鼎
鬹（乂）我萬民

晉姜鼎
萬年無疆

叔姬鼎
其萬子□永寶用

虢姜鼎
其萬年永寶用

史[illegible]父甗
其萬年子孫=永寶用

[illegible]簋
其萬年子孫永寶

叔邦父匿
子=孫=其萬年無〈疆

史㝨父簋蓋
其萬年永寶用

鮇仲奠父簋
其萬年子=孫=永寶用

伯梡簋一
萬年沬壽

伯梡簋二
萬年沬壽

[illegible]父簋
其萬年沬壽永寶用

散季簋
散季其萬年子〓孫〓永寶

[illegible]簋
其萬年子孫永寶用

伯百父簋
用祈萬壽

曩簋
萬年無疆

叔倲孫父簋
萬年無疆

師毛父簋
其萬年子〓孫〓其永寶用

虢姜簋蓋
虢姜其萬年沬壽

京叔盨
其萬壽永寶用

蔡簋
蔡其萬年沬壽

牧簋
牧其萬年壽考

慶叔匜
其沬壽萬年

曩公壺
沬壽萬年

伯玉盉
其萬年子〓孫〓其永寶用

走鐘一
走其萬年子〓孫永寶用享

走鐘二
其萬年子〓孫〓永寶用享

走鐘三
走其萬年子〓孫〓永寶用享

鄦子鐘一
萬年無諆）

楚公鐘
[illegible]公逆其萬年壽

遲公鐘　厌父眔齊萬年沬壽
子〓孫〓亡彊寶

秦公鐘
协龢萬民

秦公鐘
萬生（姓）是敕

何簋
其萬年子〓孫〓其永寶用

叔弓鐘六
其萬福屯（純）魯

叔弓鎛
其萬福屯（純）魯

齊厌盤
其萬年子〓孫〓永保用

叔弓鐘七
女（汝）考壽萬年

叔弓鎛
女（汝）考壽萬年

叔旦簋
其萬年子=孫=永寶

寰鼎　从辵
寰其萬年子孫永寶用

叔良父盨
其萬年子=孫=永寶用

應侯簋
其萬年永寶用

伯戔盤
用祈沫壽萬年無疆

塱盨
萬年子=孫=永寶用

鄦簋
鄦其沫壽萬年無疆

鄦簋蓋
鄦其沫壽萬年無疆

伯索史盂
其萬年子孫永用

史顯鼎　从彳
顯其萬年多福無疆

師訧簋
訧其萬年子=孫=永寶用享

師訇簋
訇其萬由年子=孫=永寶

敔簋
敔其萬年子=孫=永寶用

戉王者旨於賜鐘
萬枼亡（無）疆

彺生簋
子=孫=其萬年用享

叔弓鎛
處禹之堵

叔弓鐘五
處禹之堵

## 【甲部】

父甲鼎

戈父甲簋

婦庚卣

牧簋　隹王七年十又三月既生霸甲寅

大夫始鼎
隹三月初吉甲寅

楚公鐘
隹八月甲申

甲戈觚

# 乙

## 【乙部】

乙毛鼎

㝨父乙鼎

爵父乙簋

師猷簋 用乍（作）朕文考乙仲[illegible]簋

㝅卣蓋 用乍（作）母乙彝

中觶蓋 用乍（作）父乙寶尊彝

乙鼎

單𤔲父乙鼎

中鼎 [illegible]父乙尊

晉姜鼎 隹王九月乙亥

友史鼎 用乍（作）父乙尊

子父乙甗

中甗 用乍（作）父乙寶彝

父乙簋

作父乙簋 [illegible]乍（作）父乙彝

豐作父丁簋 乙酉

豐作父丁簋 遷于武乙彤日

師訇簋 用乍（作）朕剌祖乙伯同益姬寶簋

[illegible]作祖乙卣蓋 [illegible]乍（作）祖乙寶尊彝

㝅卣蓋 用乍（作）母乙彝

[illegible]作父乙卣蓋 [illegible]乍（作）父乙寶彝

[illegible]作父乙卣器 [illegible]乍（作）父乙寶彝

稽卣蓋 用乍（作）文考日乙寶尊彝

稽卣 用乍（作）文考日乙寶尊彝

父乙爵一

父乙爵二

父乙爵四

# 丙

父乙爵五

父乙爵六

爵父乙爵

亞父乙觚

乙觚

子乙父丁觚

婦丝□觚一

婦丝□觚二

父乙觶

凡作父乙觶
凡乍（作）父乙尊彝

中觶器
用乍（作）父乙寶尊彝

作祖乙角

冊父乙尊

丁亥父乙尊
用乍（作）父乙尊彝

楚王酓章鐘
楚王酓章乍（作）曾厌乙宗彝

楚王酓章編鐘
楚王酓章乍（作）曾厌乙宗彝

伯克壺
隹十又六年七月既生霸乙未

𢦏簋蓋
隹正月乙巳

父乙爵三

乙公鼎

母乙鬲
母乙

## 【丙部】

㝸卣
丙寅

文觥器
丙寅

㝸卣蓋
丙寅

父丙卣器
父丙

㚘卣
高對乍（作）父丙寶尊彝

祖丙爵

# 丁

## 【丁部】

散季簋
隹王四年八月初吉丁亥

鄦子鐘一
隹正月初吉丁亥

楚王鐘
隹正月初吉丁亥

古作父丁簋
古乍（作）父丁寶尊彝

何觶
何乍（作）執□丁辛尊彝

召作父丁爵
召乍（作）父丁尊彝

子父丁鼎

亞虎父丁鼎

天己丁簋

井父丁簋
井父丁□

豐作父丁簋
用乍（作）父丁尊彝

鄦簋蓋
丁亥

師訊簋
隹王元年正月初吉丁亥

蔡簋
隹元年既望丁亥

□父丁盉器

□父丁盉蓋

□父丁盉

召仲考父壺
隹六月初吉丁亥

爵父丁卣

末父丁卣蓋

祖丁卣蓋

祖丁卣器

婦庚卣

㝬卣蓋
丁巳

㝬卣
丁巳

大中作父丁卣

□丁爵

# 戊

守父丁爵

父丁爵

父丁爵

父丁爵

祖丁觚

子乙父丁觚

兄丁觶蓋

兄丁觶器

父丁斝

父丁尊

作祖丁尊

丁亥父乙尊
丁亥

鄦子鐘二
隹正月初吉丁亥

父戊丁爵

妣丁爵

父丁鬲

王子吳鼎
隹正月初吉丁亥

## 【戊部】

亞牧父戊鬲
亞牧父戊

寒戊匜
寒戊乍（作）寶匜

祖戊觚
聿辛祖戊妻

伯庶父簋
隹二月戊寅

叔弓鐘一
隹王五月辰才（在）戊寅

師毛父簋
隹六月既生霸戊戌

叔弓鎛
辰才（在）戊寅

父戊丁爵

作祖戊尊

# 成

厚趠方鼎
隹王來各于成周年

敔簋
王才（在）成周

麥鼎
王才（在）成周

敔簋
王各于成周大廟

叔弓鐘四
虘=成唐

叔弓鎛
箭成朕師旟之政德

叔弓鐘一
箭成朕師旟之政德

叔弓鐘七
曰武靈成子孫永保用享

叔弓鎛　曰武靈成子=孫=羕（永）保用享

弭仲匿　孳乳爲盛
用成（盛）旛糕粱

## 【己部】

# 己

史伯碩父鼎
隹六年八月初吉己巳

己酉簋
己酉

作父己卣器
乍（作）父己寶尊彝

父己觶
亞肙諫乍（作）父己尊彝

作祖己甗
乍（作）祖己尊彝

禾父己鼎

父己鼎

父己鬲

父己鬲

父己簋一

父己簋二

戈父己卣

酉父己卣

父己卣蓋

父己卣器

祖己爵

己𠃬爵

己𠬝爵

舟父己爵

𠕁父己爵

木父己觶

𦉼父己觶

鼎觚己尊

豐鼎
用乍（作）父己寶𩰫

大夫始鼎
用乍（作）文考日己寶鼎

𠭯作父己卣蓋
𠭯乍（作）父己寶尊彝

𠭯作父己觶
𠭯乍（作）父己寶尊彝

文𤔲觥器
用乍（作）文𤔲己寶彝

天己丁簋

己天簋

見父己甗

己𠓛簋

己𠓛爵

曩公壺　曩公乍（作）爲子叔姜□盥壺

㝬卣
曩長𠬝

## 【庚部】

叔液鼎
隹五月庚申

寰鼎
隹廿又八年五月既望庚寅

何簋
隹三月初吉庚午

𤼈鼎
隹三年四月庚午

中鼎
隹十又三月庚寅

友史鼎
庚午

# 康

師訇簋
隹元年二月既望庚寅

中觶器
王大省公族于庚

中觶蓋
王大省公族于庚

祖庚史卣蓋
祖庚史

[illegible]嫠鬲
[illegible]嫠录光庚□[illegible]孝永寶[illegible]

父庚爵

父庚觚

微䜌鼎
用昜（賜）康勴魯休

虢姜簋蓋
祈匄康[illegible]屯（純）右（佑）

晉姜鼎
用康𩰫妥懷遠埶君子

寰鼎
王才（在）周康穆宮

師訇簋
雩四方民亡不康静

叔弓鐘三
女（汝）康能乃有
事眔乃敵寮

叔弓鎛
女（汝）康能乃又事
眔乃敵寮

# 【辛部】

# 辛

辛鼎

□父辛鼎

[illegible]祖辛簋

父辛盘

辛父乙卣

文母辛卣器

箙貝父辛卣器

辛爵

[illegible]父辛爵

# 辝 辥 辠

戈父辛觶一

戈父辛觶二

亞妣辛尊

辛□舉

父辛舉

□父辛舉二

箙貝父辛卣蓋

□父辛舉一

夊母辛卣蓋

祖辛卣
□乍（作）祖辛□尊彝

敟作父辛卣器
敟乍（作）父辛旅彝

何觶
何乍（作）執□丁辛尊彝

厚趠方鼎　趠用乍（作）氒文
考父辛寶尊甗

作父辛簋
乍（作）父辛彝

敟作父辛卣蓋
敟乍（作）父辛旅彝

秦簋
伊□賞辛史秦金

祖戊觥
聿辛祖戊妻

牧簋
今□司匍氒辠召故

𤼈盨
又（有）辠又（有）故

晉姜鼎
辥（乂）我萬民

師訇簋
邦弤潢辥

晉姜鼎　說文籀文作□　从台
用召匹辝辟

叔弓鎛
女（汝）敬共辝命

叔弓鐘二
女（汝）敬共辝命

叔弓鐘二　余命女（汝）嗣辝
釐邑遚或徒四千

叔弓鎛　余命女（汝）嗣辝
釐邑遚或徒四千

# 嗣

伯鄀父鼎　經典作司
晉嗣徒伯鄀父

引觥
樂大嗣徒子□之子引

牧簋
昔先王既令女（汝）作嗣士

嗣工簋
嗣工作寶彝

微䜌鼎
王命微䜌覣嗣九陂

蔡簋
嗣王家

師𩵦簋
覣嗣我西扁東扁

害簋一
官嗣尸僕小射底□

㦸簋蓋
官嗣耤田

蔡簋
嗣百工

害簋二
官嗣尸僕小射底□

害簋三
官嗣尸僕小射底□

蔡簋
□嗣王家外内

□匜
作嗣□彝

叔弓鎛　余命女（汝）嗣辝
釐邑遻或徒四千

叔弓鐘二　余命女（汝）嗣辝
釐邑遻或徒四千

## 【壬部】

# 壬

𨿅公諴鼎
隹十又四月既死霸壬午

父壬爵

子父壬爵

## 【癸部】

# 癸

□父癸鼎

□父癸鼎

□父癸鼎

父癸鼎

父癸鼎
父癸乍（作）尊

作父癸鼎
乍（作）父癸宝尊彝

父癸簋

賁簋
賁乍（作）文考日癸寶尊彝

爵亥父癸匜

父癸盉

父癸卣

父癸卣

父癸卣

寓卣
用作兄癸彝

文考日癸卣
文考日癸

父癸爵

父癸觶

父癸尊

癸尊

咸妣癸尊

寓卣蓋
用乍（作）兄癸彝

文考日癸卣
乃戒子壴乍（作）父癸旅宗尊彝

文考日癸卣
其以父癸夙夕卿爾百婚遘

豐鼎
癸亥

秦簋
六月初吉癸卯

## 【子部】

# 子

史伯碩父鼎　金文以此爲十二支之巳
隹六年八月初吉己巳

𢦏簋蓋
隹正月乙巳

寓卣
丁巳

巂卣蓋
丁巳

君季鼎

子乙父丁觚

子鼎

子父舉鼎

子父乙甗

子簋

子父壬爵

子作爵

史顯鼎
子孫=永寶用享

寰鼎
寰其萬年子孫永寶用

曩公壺
子孫永保用之

正考父鼎
子孫永寶用享

叔姬鼎
其萬子□永寶用

叔弓鎛　曰武靈成子孫=羕
（永）保用享

厚趠方鼎
其子孫永寶

史父甗
其萬年子孫=永寶用

内公𠤳
子孫永寶用享

簋
其萬年子孫永寶用

伯索史盂
其萬年子孫永用

楚王鐘
子孫永保用之

楚公鐘
孫子其永寶

叔弓鐘七
曰武靈成子孫永保用享

木子工父癸爵

蔡簋
敢對揚天子丕顯魯休

敔簋
敔敢對揚天子休

何簋
對揚天子魯命

朢盨
對揚天子丕顯魯休

師訇簋
敢對揚天子休

鄦簋
敢對揚天子休命

鄦簋蓋
敢對揚天子休命

秦宮鼎
敢對揚天子丕顯休

大夫始鼎
大夫始敢對揚天子休

師訇簋
妥立余小子

叔弓鐘三
毋曰余小子

師𣪕簋
女（汝）有隹小子

晋姜鼎
用康𩟖妥懷遠𤔲君子

王子吳鼎
王子吳择其吉金

豐鼎
大子易（賜）大貝

鄀于子斯匿二
鄀于子斯又自乍（作）旅匿

晋姜鼎
畯保其孫子

文考日癸卣
乃戒子壴乍（作）父癸旅宗尊彝

鄀于子斯匿一
鄀于子斯自乍（作）旅匿

慶叔匜
慶叔乍（作）朕子孟姜盥匜

㠱公壺
㠱公作爲子叔姜□盥壺

賓簋
韋子

豐作父丁簋
帀子

文觥器
子賜□貝

①
引觥
樂大嗣徒子①之子引

②
引觥
樂大嗣徒子之子②引

袁鼎
敢對揚天子丕顯胡叚（嘏）休令

蔡生鼎

鼎一

鼎二

甗
其子〓孫〓永用享

齊荓史喜鼎
子〓孫〓永寶用

仲父鼎
其萬年子〓孫〓永寶用

王子吳鼎
子〓孫〓永保用之

雝公諴鼎
子〓孫〓永寶用

史伯碩父鼎
子〓孫〓永寶用享

微䜌鼎
䜌子子孫孫永寶用享

師餘鼎
孫子=寶用

大夫始鼎
孙=子=永宝用

叔旦簋
其萬年子=孫=永寶用

走鐘二
其萬年子=孫=永寶用享

樊卣
其子=孫=寶用

录旁仲駒父簋蓋
子=孫=永寶用享孝

𢓊生簋
子=孫=其萬奴年用享

米𢆶鬲
其子=孫=永寶用

仲姞匜
其萬年子=孫=永寶用

齊侯匜
其萬年子=孫永保用

慶叔匜
子=孫=羕〈永〉保用之

田季加匜器
子=孫=永寶用享

塱盨　叔邦父叔姞萬年子=孫=
永寶用

伯玉盉
其萬年子=孫=其永寶用

召仲考父壺
子=孫=永寶是尚

伯克壺
克克其子=孫=永寶用享

⿰禾咼卣蓋
其子=孫永福

都于子斯⿷匚古二
子=孫=永□用

叔邦父⿷匚古
子=孫=其萬年無疆

⿰酉夆仲奠父簋
其萬年子=孫=永寶用

伯椃簋一
子=孫=永寶

伯椃簋二
子=孫=永寶

录旁仲駒父簋一
子=孫=永寶用享孝

录旁仲駒父簋二
子=孫=永寶用享孝

散季簋
散季其萬年子=孫=永寶

及屠生簋
子=孫永寶用享考

㝬簋
其子=孫=永寶用享于宗室

叔倲孫父簋
子=孫=永寶用享

師毛父簋
其萬年子=孫=其永寶用

虢姜簋蓋 子=孫=永寶用享

㦽簋蓋 其子=孫=永用

害簋一 其子=孫=永寶用

害簋二 其子=孫=永寶用

害簋三 其子=孫=永寶用

叔良父盨 其萬年子=孫=永寶用

鄦簋蓋 子=孫=永寶用享

鄦簋 子=孫=永寶用享

師猷簋 猷其萬年子=孫=永寶用享

敔簋 敔其萬年子=孫=永寶用

蔡簋 子=孫永寶用

師訇簋 訇其萬由年子=孫=永寶

牧簋 子=孫=永寶用

齊医盤 其萬年子=孫=永保用

魯正叔盤 子=孫=永壽用之

伯戔盤 子=孫=永寶用之

寒戊匜 其子=孫=永用

弭伯匜 其子=孫=永寶用

稠卣 其子=孫永福

引觥 子=孫=永寶用

師餘尊 孫子=寶

走鐘一 走其萬年子=孫永寶用享

走鐘三 走其萬年子=孫=永寶用享

走鐘四 走其萬年子=孫=永寶用享

走鐘五 走其萬年子=孫=永寶用享

鄦子鐘一 子=孫=永保鼓之

遲公鐘 医父眔齊萬年沬壽子孫=亡彊寶

何簋 其萬年子=孫=其永寶用

鄦子鐘一 鄦子盟𠂤羼其吉金

鄦子鐘二 鄦子盟𠂤羼其吉金

## 字

叔弓鎛
卑百斯男而埶斯字

叔弓鐘七
卑百斯男而埶斯字

## 穀

虢叔鬲二
虢叔乍（作）叔殷穀尊鬲

## 季

尹考鼎

師寏父鼎

君季鼎

灋季鬲
灋季乍（作）

散季簋
散季肇乍（作）朕王母叔姜寶簋

①
黃季舟
黃季①之季□𨑓用其吉金

季姬匜
季姬乍（作）匜

伯索史盂
伯索史乍（作）季姜寶盂

曾師盤
曾師季𩊚用其吉金

交鼎
用乍（作）季娟寶尊彝

散季簋
散季其萬年子〃孫〃永寶

②
黃季舟
黃季之季②□𨑓用其吉金

田季加匜器
隹田季加自乍（作）寶匜

## 孟

叔倲孫父簋
叔倲孫父乍（作）孟姜尊簋

孟皇父匜
孟皇父乍（作）旅匜

慶叔匜
慶叔乍（作）朕子孟姜盥匜

## 羞

中甗
𦘔肩又羞余□

單冥生豆
單冥生乍（作）羞豆

## 【寅部】

## 寅

中鼎
佳十又三月庚寅

𡚬卣蓋
丙寅

寰鼎
佳廿又八年五月既望庚寅

師訇簋
佳元年二月既望庚寅

牧簋　佳王七年十又三月既
生霸甲寅

文嬂觥器
丙寅

大夫始鼎
佳三月初吉甲寅

伯庶父簋
佳二月戊寅

𡚬卣器
丙寅

叔弓鎛
辰在戊寅

叔弓鐘一
佳王五月辰在戊寅

【卯部】

## 卯

秦簋
六月初吉癸卯

【辰部】

## 辰

叔弓鎛
辰在戊寅

叔弓鐘一
佳王五月辰在戊寅

焚卣
辰在庚申

【巳部】

## 巳

史伯碩父鼎　形與子同　子字
重見　佳六年八月初吉己巳

鄦子鐘一　金文已巳爲一字
沬壽毋已

叔弓鐘七
毋疾毋已

㠯

叔弓鎛 毋疾毋已

叔夜鼎 ①以征以行

叔夜鼎 以征以②行

𦨉子鐘一 用匽以喜

秦公鐘 以卲零孝亯

秦公鐘 以受屯（純）魯多釐

秦公鐘 以受多福

師訇簋 谷女（汝）弗以乃辟函於艱

文考日癸卣 其以父癸夙夕鄉爾百婚遘

師訇簋 率以乃友干（敢）吾王身

虘父鼎一 隹女（汝）率我友以事

虘父鼎二 隹女（汝）□□友以事

中甗 以王令曰

戉王者旨於賜鐘 隹以樂可

戉王者旨於賜鐘 田〓以鼓之

## 【午部】

午

瘨鼎 隹三年四月庚午

雝公諴鼎 隹十又四月既死霸壬午

何簋 隹三月初吉庚午

友史鼎 庚午

## 【未部】

# 未

伯克壺

佳十又六年七月既生霸乙未

戎趞鐘

## 【申部】

# 申

伯申鼎

伯申乍（作）寶彝

叔液鼎

佳五月庚申

棘卣

辰在庚申

楚公鐘

佳八月甲申

## 【酉部】

# 酉

仲酉父甗

仲酉父肈乍（作）甗

仲酉父簋蓋

仲酉父乍（作）旅簋

酉父己卣

己酉簋

己酉

豐作父丁簋

乙酉

# 配

叔弓鎛

其配襄公之妣而鍼公之女

叔弓鐘五

其配襄公之妣而鍼公之女

# 盥

鄦子鐘一

鄦子盥𠂤擇其吉金

鄦子鐘二

鄦子盥𠂤擇其吉金

# ※酓

楚楚王酓章鐘

王酓章作曾厌乙宗彝

棘卣

王𩚜（飲）西宮

# 尊

## 【酉部】

伯卣三　伯乍（作）寶尊彝

召作父丁爵　召乍（作）父丁尊彝

乍（作）寶尊彝簋蓋　作寶尊彝

師寏父鼎　从阜

雁公諴鼎　下鄀雁公諴乍（作）尊鼎

敔簋　用乍（作）尊簋

伯卣一　伯乍（作）寶尊彝

凡作父乙觶　凡乍（作）父乙尊彝

牧簋　用乍（作）朕皇文考益伯寶尊簋

大中作父丁卣

中觶器　用乍（作）父乙寶尊彝

丁亥父乙尊　用乍（作）父乙尊彝

文考日癸卣　乃戒子壴乍（作）父癸旅宗尊彝

𦬒簋　𦬒乍（作）寶尊彝

言鼎

乙公鼎

伯鄀父鼎

厚趠方鼎　趠用乍（作）氒文考父辛寶尊齋

中鼎　𪔁父乙尊

夌鼎　用乍（作）季娟寶尊彝

師秦宮鼎　用乍（作）尊鼎

寰鼎　用乍（作）朕皇考奠伯姬尊鼎

晉姜鼎　用乍（作）寶尊鼎

友史鼎　用乍（作）父乙尊

[illegible]父癸鼎　[illegible]父癸乍（作）尊[illegible]

虢姜鼎　虢姜乍（作）寶尊鼎

杍作父癸鼎　杍乍（作）父癸寶尊彝

虢叔鬲一
虢叔乍（作）尊鬲

聿造鬲
聿造乍（作）尊鬲

虢叔鬲二
虢叔乍（作）叔殷穀尊鬲

鬲
□乍（作）尊鬲

鬲
乍（作）尊鬲

作祖己甗
乍（作）祖己尊彝

虢姜簋蓋
虢姜乍（作）寶尊簋

公鋪
公乍（作）杜嫞尊鋪

鄭簋　鄭用乍（作）朕皇考
龏伯尊簋

鄭簋　鄭用乍（作）朕皇考
龏伯尊簋

蔡簋
用乍（作）寶尊簋

伯克壺　用乍（作）朕穆考後
仲尊𩫖

伯罍
伯乍（作）寶尊彝

作寶尊彝卣一
乍（作）寶尊彝

作寶尊彝卣二
乍（作）寶尊彝

作祖乙卣蓋
乍（作）祖乙寶尊彝

作父己卣蓋
乍（作）父己寶尊彝

作父己卣器
乍（作）父己寶尊彝

祖辛卣
乍（作）祖辛[亼卂]尊彝

伯卣二
伯乍（作）寶尊彝

稽卣蓋
用乍（作）文考日乙寶尊彝

簋
乍（作）寶尊彝

伯庶父簋　伯庶父乍（作）王
姑凡姜尊簋

古作父丁簋
古乍（作）父丁寶尊彝

史[王長]父簋蓋
史[王長]父乍（作）尊簋

伯簋　伯肩肇乍（作）
守乍（作）寶尊彝

賁簋
賁乍（作）文考日癸寶尊彝

應侯簋
應侯乍（作）姬邍母尊簋

[韋夆]仲奠父簋
[韋夆]仲奠父乍（作）尊簋

伯梡簋一　伯梡虘肇乍（作）
皇考剌公尊簋

伯梡簋二 伯梡盧肇乍（作）皇考剌公尊簋

及羼生簋 及羼生乍（作）尹姞尊簋

秦簋 用乍（作）父□尊彝

己酉簋 戌□尊宜于召

豐作父丁簋 用乍（作）父丁尊彝

叔倲孫父簋 叔倲孫父乍（作）孟姜尊簋

稽卣 用乍（作）文考日乙寶尊彝

□作父己觶 □乍（作）父己寶尊彝

父己觶 亞□諫乍（作）父己尊彝

何觶 何乍（作）□□丁辛尊彝

作寶尊彝尊

作祖戊尊

噩□□尊 噩□□乍（作）寶尊

□伯尊 □伯□乍（作）尊彝

作寶尊彝簋 乍（作）寶尊彝

史伯碩父鼎 史伯碩父追考于朕皇考釐中王母泉女尊鼎

史顯鼎 史顯乍（作）朕皇考釐中王母泉女尊鼎

微䜌鼎 䜌乍（作）朕皇考䵼彝尊鼎

樊卣 高對乍（作）父丙寶尊彝

京姜鬲 京姜□女乍（作）尊鬲

## 【戌部】

師毛父簋 隹六月既生霸戌戌

宋公鐘一 宋公戌之訶鐘

宋公鐘二 宋公戌之訶鐘

宋公鐘三 宋公戌之訶鐘

宋公鐘四 宋公戌之訶鐘

宋公鐘五 宋公戌之訶鐘

# 亥

宋公鐘六
宋公戌之訶鐘

## 【亥部】

仲[illegible]父鼎
唯王五月初吉丁亥

晉姜鼎
隹王九月乙亥

師猷簋
隹王元年正月初吉丁亥

鄭簋蓋
丁亥

鄭簋
丁亥

丁亥父乙尊
丁亥

鄦子鐘一
隹正月初吉丁亥

蔡簋
隹元年既望丁亥

爵亥父癸

鄦子鐘二
隹正月初吉丁亥

楚王鐘
隹正月初吉丁亥

召仲考父壺
隹六月初吉丁亥

王子吳鼎
隹正月初吉丁亥

散季簋
隹王四年八月初吉丁亥

伯戔盤
隹正月初吉丁亥

戉王者旨於賜鐘
吉日丁亥

# 合文

## 一人

叔弓鎛　一人合文
左右余一人

叔弓鐘三
左右余一人

叔弓鎛　一人合文
左右余一人

## 三百

叔弓鎛　三百合文
釐僕三百又五十家

叔弓鐘四
釐僕三百又五十家

叔弓鐘二
其縣三百

叔弓鎛
其縣三百

## 小子

師望簋　小子合文
大師小子師望乍（作）鬻彝

師望盨
大師小子師望乍（作）鬻彝

秦公鐘
余雖小子

## 少子

叔弓鎛　少子合文
毋曰余小子

## 少心

叔弓鎛　少心合文
女（汝）小心愄（畏）忌

叔弓鎛
是小心龏蹐

叔弓鐘一
女（汝）小心愄（畏）忌

## 十朋

己酉簋　十朋合文
商（賞）貝十朋

## 四千

叔弓鎛　四千合文　余命女
（汝）嗣辝釐邑遫或徒四千

叔弓鐘二　余命女（汝）嗣辝
釐邑遫或徒四千

## 四百

敔簋　四百合文
奪孚（俘）人四百

四方

秦公鐘 四方合文
匍及四方

四匹

牧簋 四匹合文
余□四匹

塱盨
馬四匹

十朋

己酉簋
商（賞）貝十朋

# 附録上

001

父丁鼎一

父丁鼎二

作父辛簋

父己卣蓋

父乙觶

文觥盨

簋

婦庚卣

己爵

002

父丙卣蓋

父丙卣器

父丁觥

003

父丁鬲

004

父丁爵

005

作父己卣蓋

作父己卣器

006

父癸盉

父癸卣

作祖乙卣蓋

父癸觶

| | | |
|---|---|---|
| 007 |  | 父辛爵 |
| 008 |  | 祖辛卣 |
| 009 |  | 父癸鼎 |
| 010 |  | 父癸鼎 |
| 011 |  | 父癸卣 |
| 012 |  | 女鼎 |
| 013 |  | 卣文 |
| 014 |  | 册父乙尊 |
| 015 |  | 觚文 |
| 016 |  | 父己爵 |

017

作祖丁尊

018

鼎

子簋

019

爵

020

作父己觶

021

祖丙爵

022

023

鼎

024

父丁盉

025

祖丁觚

026

觚

027

母乙鬲

028

卣文蓋

卣文器

029

作祖乙角蓋

030

丁亥父乙尊

031

罍文

032

召作父丁爵

033

何觶
何乍（作）執丁辛尊彝

034

鼎

父癸鼎

035

亞虎父丁鼎

036

兄丁觶蓋

兄丁觶器

| 編號 | 字形 | 出處 |
|---|---|---|
| 037 |  | 父辛盤 |
| 038 |  | 父癸簋 |
| 039 |  | 觚 |
| 040 |  | 凡作父乙觶 |
| 041 |  | 爵 |
| 042 |  | 卣文蓋 |
| 042 |  | 卣文器 |
| 043 |  | 祖丁卣蓋 |
| 043 |  | 祖丁卣器 |
| 044 | 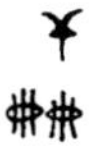 | 叀鼎 |
| 045 |  | 父癸鼎 |
| 046 |  | 卣文蓋 |
| 046 |  | 卣文器 |

047

爵

048

子作爵

049

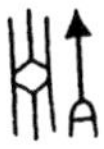

父丁斝

050

子簋

051

卣文蓋

卣文器

052

斝一

斝二

053

作父癸鼎

054

癸尊

055

秉爵

056

己爵

| 編號 | 字形 | 出處 |
|---|---|---|
| 057 |  | 作父乙簋<br>[illegible]乍（作）父乙彝 |
| 058 |  | 辛父[illegible]卣 |
| 059 |  | [illegible]簋 |
| 060 |  | [illegible]簋 |
| 061 |  | 己酉簋<br>[illegible]宗彝 |
| 062 |  | [illegible]鼎 |
| 063 |  | 秉[illegible]鼎 |
| 064 |  | 公非鼎 |
| 065 |  | 饕餮鼎 |
| 066 |  | [illegible]父癸鼎<br>[illegible]父癸乍（作）尊[illegible] |

067

乙鼎

068

作父乙卣蓋
乍（作）父乙寶彝

作父乙卣器
乍（作）父乙寶彝

069

妣丁爵

父己舉

父己鬲

甗

甗

嶲卣蓋

嶲卣

己簋

丁爵

乙觚

辛舉

父辛舉一

父辛舉二

鼎

070

鼎

071

秉爵

秉鼎

072

卣文蓋

卣文器

073

父爵

074

父癸鼎

父癸乍（作）尊

078

父子鼎

079

父己鼎

080

己爵

081

爵

082

癸尊

083

諫作父己觶

亞諫乍（作）父己尊彝

084

中鼎

中鼎

085

子作爵

086

單父乙鼎

087

簋

088

父丁簋

089

鼎一

鼎二
隹用吉金

甗
隹用吉金

090

嶲卣蓋
王易（賜）嶲貝

嶲卣蓋
王易（賜）嶲貝

091

作父乙簋
乍（作）父乙彝

092

中甗
乎貯言

093

窋父癸鼎

094

作祖乙角器

| 編號 | 字形 | 出處 |
|---|---|---|
| 095 |  | 友史鼎 |
| 096 |  | 父癸卣 |
| 097 |  | 鬲 |
| 098 |  | 爵 |
| 099 |  | 癸爵 |
| 100 |  | 爵 |
| 101 |  | 爵 |
| 102 |  | 尊 |
| 103 |  | 車觚 |
| 104 |  | 觚文 |

| 編號 | 出處 |
| --- | --- |
| 105 | □鼎 |
| 106 | 十鼎；厚趠方鼎；作祖己甗 |
| 107 | 象形鼎 |
| 108 | 瞿父鼎 |
| 109 | □鼎 |
| 110 | 子父舉鼎 |
| 111 | □□父癸鼎 |
| 112 | □□父癸鼎 |
| 113 | 單□觚；單□甗 單□乍（作）從彝；單□簋 單□乍（作）從彝；單光盉蓋 單□乍（作）從彝；單□盉器 單□從彝；文考日癸卣 單□ |

單父乙鼎

單鼎一

單鼎二

單簋

單乍（作）從彝

114

父癸鼎

115

魚鼎

116

□父辛鼎

117

□作父丁鼎

118

鼎

119

作父癸鼎

乍（作）父癸寶尊彝

120

畀一

121

父丁爵

商飲

# 附録下

001

牧簋

公組入右牧

002

豐鼎

003

嫠鬲

嫠录光庚□孝永寶

004

嫠鬲

嫠录光庚□孝永寶

005

師賒鼎

王

006

京叔盨

京叔乍（作）盨

007

仲盉

仲者友用其吉金

008

楚王鐘

□

009

豐作父丁簋

嶲庸豐

| 編號 | 字形 | 出處及銘文 | 備注 |
| --- | --- | --- | --- |
| 010 |  | 叔姬鼎<br>夌金父乍作叔姬寶尊鼎 | |
| 011 |  | 牧簋<br>迺仸之鸟叭 | |
| 012 |  | 䨻革朩尊<br>䨻革朩乍（作）寶尊 | 張亞初《引得》釋爲革 |
| 013 |  | 㽙伯罍<br>㽙伯乍（作）寶尊彝 | |
| 014 |  | 㚔簋<br>㚔乍（作）寶簋 | 薛氏《法帖》釋爲達 |
| 015 |  | 仲𢓊父鼎 | |
| 016 |  | 玤𤼽鬲<br>玤𤼽录光庚□玏孝永寶𢓊 | 張亞初《引得》釋爲邊 |
| 017 |  | 米𣳚鬲<br>米𣳚乍（作）尊鬲 | |
| 018 |  | 京姜鬲<br>京姜𡗜女乍（作）尊鬲 | |
| 019 |  | 師𫹳簋<br>乃祖考有𧴪於我家 | |

020

鼎

021

蔡生鼎

022

師訇簋　易（賜）女（汝）䵼
鬯一卣圭

023

叔夜鼎

024

叔夜鼎

025

秦簋
伊祉于辛史

秦簋
伊賞辛史秦金

026

微䜌鼎
王命微䜌䎘嗣九陂

鄦簋蓋
䎘五邑祝

師𧦝簋
䎘嗣我西扁東扁

027

蔡簋　令女（汝）眔曰䎘疋
（胥）對各

鄦簋
䎘五邑祝

028

叔弓鎛
䎘命于外内之事

叔弓鐘三
䎘命于外内之事

029

鬲
□乍（作）尊鬲

030

豐鼎

大子易（賜）大貝

張亞初《引得》釋爲東

031

師訇簋

乍（作）

032

史孫盤

史孫作

033

伯玉盉

伯玉乍（作）寶盉

034

師𧦝簋

易（賜）鐘一

035

觥

乍（作）寶彝

036

婪卣

㠱長

037

作父乙簋

乍（作）父乙彝

038

叔弓鎛

剬伐頣（夏）司

叔弓鐘四

剬伐頣（夏）后

郭沫若釋爲『前』，讀爲『翦伐』；吴闓生釋爲『翦』，孫海波釋爲『則』；李學勤釋爲『蒯』。

039

豐作父丁簋

| 編號 | 字形 | 出處 | 辭例 |
| --- | --- | --- | --- |
| 040 |  | 師訇簋 | 隹王身厚□ |
| 041 |  | 秦公鐘 | 氒名曰□邦 |
| 042 |  | □伯尊 | □伯□乍（作）尊彝 |
| 043 |  | 虢姜簋蓋 | 祈匄康□屯（純）右（佑） |
| 044 |  | | □祖辛簋 |
| 045 |  | 伯□父甗 | 伯□父乍（作）旅獻（甗） |
| 046 |  | 史□父簋蓋 | 史□父作尊簋 |
| 047 |  | 牧簋 | 今□司匐氒皋召故 |
| 048 |  | 害簋一 | 用□（纘）乃祖考事 |
| |  | 害簋二 | 用□（纘）乃祖考事 |
| |  | 害簋三 | 用□（纘）乃祖考事 |
| 049 |  | 弭仲匠 | 者友□飤具□　有釋爲即 |

050

弭仲匿

𩞁具旨飤

有釋爲既

051

寰鼎

戈琱戟𩰫必（柲）彤沙

052

師艅鼎

王𠂤𠂤

師艅尊

王𠂤𠂤

053

南宮中鼎一

在𩰫障真山

南宮中鼎二

在𩰫障真山

054

仲𩰫父鼎

055

𩰫鬲

𩰫乍（作）尊鬲

056

父丙卣蓋

䢅𩰫父丙

父丙卣器

䢅𩰫父丙

057

楚公鐘

𢦏格曰𩰫

058

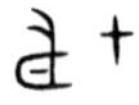

楚公鐘

𢦏格曰𩰫

059

𨛫簋蓋

右祝𨛫

𨛫簋蓋

王乎（呼内）史册命𨛫

𨛫簋蓋

𨛫拜䭬首

鄦簋
鄦用作朕皇考龏伯尊簋

鄦簋
鄦其沬壽萬年無疆無疆

鄦簋
右祝鄦

060

晉姜鼎
(貝鳳)取氒吉金

061

己酉簋
五隹朿

張亞初《引得》釋爲來

062

祖辛卣
乍（作）祖辛尊彝

063

大夫始鼎
王才（在）華宫

064

琟叔鼎
才（在）皕

《引得》隸爲㝒

065

父丁爵

066

嶲卣蓋
在

嶲卣器
在

067

魯正叔盤
魯正叔之乍（作）鑄其御

068

牧簋
□有同事廼多𤔲

有釋爲包

069

噩□□尊
噩□□乍（作）寶尊

070

𢦏簋蓋
赤□市

宋人釋爲象

071

引觥
樂大嗣徒子□之子引

072

己酉簋
□九律□

己酉簋
□九律□

寰鼎
史□受王令書

073

牧簋
毋敢不尹□不中不井（刑）

074

豐作父丁簋
□□□庸豐

075

塱盨
迺乍（作）余一人□

薛尚功《法帖》釋爲服

076

蔡簋
□嗣王家外内

077

仲□父鼎

078

□生簋
□生□乍（作）寶簋

| | | |
|---|---|---|
| 079 |  | 中甗 中省自方昇邦 |
| 080 |  | 史顯鼎 史顯 |
| |  | 史顯鼎 顯其萬年多福無疆 |
| 081 |  | 中觶蓋 王易（賜）中馬自厌四 |
| |  | 中觶器 王易（賜）中馬自厌四 |
| 082 |  | 伯簋 伯貞肇乍（作）守乍（作）寶尊彝 |
| 083 | 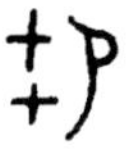 | 中甗 孚又舍女（汝）量至于女庸 |
| 084 |  | 師訇簋 夷三百人 |
| 085 |  | 己酉簋 戍尊宜于召 |
| 086 |  | 伯尊 伯乍（作）尊彝 |
| 087 |  | 中甗 |
| 088 |  | 塱盨 迺即汝<br>薛尚功《法帖》釋爲馭 |

089

師訧簋
師訧

師訧簋
訧拜䭫首

師訧簋
訧其萬年子=孫=永寶用享

090

豐鼎
用乍（作）父己寶

091

弭仲𠤳
其其玄其黄

092

豐鼎
大子易（賜）大貝

093

蔡簋
毋敢又（有）入

蔡簋
勿使敢又（有）止從獄

塱盨
迺敢訊人

094

史父作旅甗
史父甗

宋人釋爲信

095

黄季舟
黄季之季□用其吉金

096

君鼎

有釋爲沙，即梁

097

害簋一
官𤔲尸僕小射底

害簋二
官𤔲尸僕小射底

害簋三
官𤔲尸僕小射底

098

簋
乍（作）寶尊彝

099 

公鋪

有釋爲劉

100 

中甗

中省自方昪邦

101 

虘父鼎一

虘父乍（作）寶鼎

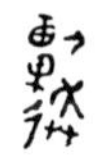

虘父鼎二

虘父乍（作）寶鼎

102 

中甗

貯貝日傳王口休

103 

敔簋

[illegible]敔圭瓚貝五十朋

104 

文觥器

用乍（作）文己宝彝

105 

中甗

乎人廿夫

106 

牧簋

迺之

107 

晉姜鼎

卑貫通

108 

生簋

生[illegible]乍（作）寶簋

| 編號 | 字形 | 出處 | 釋文 | 按語 |
|---|---|---|---|---|
| 109 | [illegible] | 中甗 | 在[illegible] | |
| 110 | [illegible] | 蔡生鼎 | | |
| 111 | [illegible] | 師艅尊 | 王[illegible][illegible] | |
| 112 | [illegible] | 秦簋 | 伊[illegible]賞辛史秦[illegible] | 疑此爲金 |
| 113 | [illegible] | [illegible]簋 | [illegible]乍（作）寶尊彝 | |
| 114 | [illegible] | 師訇簋 | 榮内右[illegible] | 疑爲訇之訛 |
| 115 | [illegible] | 中甗 | 在[illegible] | |
| 116 | [illegible] | 中甗 | 貯[illegible]貝日傳[illegible]王□休 | |
| 117 | [illegible] | [illegible]盉 | | |
| 118 | [illegible] | 豐作父丁簋 | 帀[illegible] | |

119

父丁盉器

父丁盉蓋

120

師訇簋

乍（作）

121

師訇簋

受天令

122

己酉簋

豕乚用宔

《引得》釋爲丏，劉昭瑞《箋證》釋爲亥

# 筆畫檢索

## 【八畫】

【九畫】



【十畫】

## 【十一畫】



## 【十二畫】

## 【十三畫】



## 【十四畫】

【十五畫】



【十六畫】



【十七畫】

【十八畫】



【十九畫】



【二十畫】



【二十一畫】



【二十二畫以上】

# 參考書目


陳初生：《金文常用字典》，西安：陝西人民出版社，一九八七。
陳斯鵬等：《新見金文字編》，福州：福建人民出版社，二〇一二。
郭沫若：《郭沫若全集·考古編》，北京：科學出版社，二〇〇二。
何琳儀：《戰國文字通論（訂補）》，上海：上海古籍出版社，二〇一七。
黄德寬主編：《古文字譜系疏證》，北京：商務印書館，二〇〇七。
黄德寬主編：《安徽大學漢語言文字研究叢書（十卷）》，合肥：安徽大學出版社，二〇一三。
黄錫全：《湖北出土商周文字輯證（增補版）》，武漢：武漢大學出版社，二〇一九。
李家浩：《著名中青年語言學家自選集·李家浩卷》，合肥：安徽教育出版社，二〇〇二。
李學勤：《新出青銅器研究》，北京：文物出版社，一九九〇。
林　沄：《林沄學術文集》，北京：中國大百科全書出版社，一九九八。
劉　釗：《古文字考釋叢稿》，長沙：嶽麓書社，二〇〇五。
劉　釗：《書馨集》，上海：上海古籍出版社，二〇一三。
劉　釗：《書馨集續編》，北京：中西書局，二〇一八。
劉洪濤：《形體特點對古文字考釋重要性研究》，北京：商務印書館，二〇一九。
劉昭瑞：《宋代著録商周青銅器銘文箋證》，廣州：中山大學出版社，二〇〇〇。
馬承源：《商周青銅器銘文選》，北京：文物出版社，一九九〇。
裘大泉：《金文考釋的歷史考察》，廣州：二〇〇二年中山大學博士畢業論文。

裘錫圭：《裘錫圭學術文集》，上海：復旦大學出版社，二〇一二。
容　庚：《宋代金文著録表》，北平北海圖書館月刊第一卷第五號。
容　庚：《宋代吉金書籍述評》，史語所集刊外編第一種，一九三五。
容庚編著，張振林、馬國權摹補：《金文編》，北京：中華書局，一九八五。
《宋人著録金文叢刊（初編）》，北京：中華書局，二〇〇五。
湯余惠：《戰國文字編》，上海：華東師大出版社，二〇〇三。
湯志彪：《三晉文字編》，北京：作家出版社，二〇一三。
唐鈺明：《著名中年語言學家自選集·唐鈺明卷》，合肥：安徽教育出版社，二〇〇二。
王恩田：《陶文字典》，濟南：齊魯書社，二〇〇七。
王蘊智：《中原文化大典·古文字卷》，鄭州：中州古籍出版社，二〇〇八。
吴振武：《古璽文編校訂》，北京：人民美術出版社，二〇一一。
許　慎：《説文解字》，北京：中華書局，二〇〇三。
徐在國：《傳抄古文文字編》，北京：線裝書局，二〇〇六。
楊樹達：《積微居金文説（增訂本）》，北京：中國科學院考古研究所，一九五九。
于省吾：《商周金文録遺》，北京：科學出版社，一九五八。
于省吾：《雙劍誃吉金文選》，北京：中華書局，一九九八。
趙　誠：《二十世紀金文研究述要》，北京：書海出版社，二〇〇三。
趙平安：《金文考釋四篇》，語言研究，一九九四（一）。
趙平安：《金文考釋五篇》，《容庚先生百年誕辰紀念文集》，廣州：廣東人民出版社，一九九八。
趙平安：《商周時期金屬稱量貨幣的自名名稱及其嬗變》，《華夏考古》，二〇〇八（二）。

趙平安：《〈説文〉小篆研究》，南寧：廣西教育出版社，一九九九。
趙平安：《新出簡帛與古文字古文獻研究》，北京：商務印書館，二〇〇九。
張光裕、黄德寬：《古文字學論稿》，合肥：安徽大學出版社，二〇〇八。
張桂光：《漢字學簡論》，廣州：廣東高等教育出版社，二〇〇四。
張桂光：《古文字論集》，北京：中華書局，二〇〇四。
張桂光：《古文字論集》，北京：中華書局，二〇〇四。
張亞初：《殷周金文集成引得》，北京：中華書局，二〇〇一。
張亞初：《宋代所見金文著録表》，《古文字研究》（第十二期），北京：中華書局。
張守中：《郭店楚簡文字編》，北京：文物出版社，二〇〇三。
周法高：《金文詁林》，香港：香港中文大學出版社，一九七五。
中國社會科學院考古研究所：《殷周金文集成修訂增補本（全八册）》，北京：中華書局，二〇〇七。
中國社會科學院考古研究所：《殷周金文集成釋文》，香港：香港中文大學中國文化研究所，二〇〇一。
鍾柏生、陳昭容、黄銘崇、袁國華：《新收殷周青銅器銘文暨器影彙編》，臺北：藝文印書館，二〇〇六。

# 後　記

這部書稿是我學業上的一個階段性總結，也是師長們關心指導的結果。

二〇〇五年，我從一名懵懵懂懂的中文系本科生，來到美麗的華南師範大學，投身古文字學家張桂光先生門下，並在先生的悉心栽培下，慢慢步入古文字學的殿堂。張老師師承容庚先生，在治學上極爲刻苦，極其嚴謹。我自知求學路上唯有更多努力，纔能學有所得，不負老師的培養。初學古文字，我没有學術大家們擁有的文獻學、先秦史、民族學、考古學甚至書法的功底，所以就下了很多『笨功夫』。在研究生的三年中，《説文解字》《金文編》《兩周金文辭大系圖録考釋》《郭店楚墓竹簡》等著作，我都不止一次地抄寫過，很多新的知識也在寫論文的過程中慢慢學到。等到畢業答辯順利通過，我纔更加堅定了從事古文字學研究的信念。之後三年讀博，再到參加工作，常有同專業的師兄弟借覽此書稿，碩導張桂光先生、博導黄德寬先生、鄭州大學漢字文明研究中心主任李運富先生也都對書稿提出了很多寶貴的意見。拙稿本極淺陋，我一直羞於示人，然而繆承大家不棄，一次次給予批評指教，刀砍斧鑿，讓一塊朽木焕發出了新貌。先生們的言传身教，我不敢視爲私藏的秘寶，作爲後學，我覺得自己有義務讓更多的人看到。

施謝捷、張振謙、秦曉華、張新俊、蕭毅、劉雲、徐浩等諸位先生都給我提了很多非常具體的意見。書稿能够順利出版，還要特别感謝社會科學文獻出版社的李建廷博士，他細緻地幫我解決了從校對到排版等方面很多的問題。在此，我要向所有指導、幫助和支持我的老師、學長、同仁，一併表示感謝。

中共中央總書記、國家主席、中央軍委主席習近平在甲骨文發現和研究一百二十周年的賀信中指出：『要確保甲骨文等古文字研究有人做、有傳承。希望廣大研究人員堅定文化自信，發揚老一輩學人的家國情懷和優良學風，深入研究甲骨文的歷史思想和文化價值，促進文明交流互鑒，爲推動中華文明發展和人類社會進步作出新的更大的貢獻。』這是古文字學前進的方向，也是古文字學者們共同的使命。我很幸運，幸運地愛上了古文字專業，幸運地遇到了各位恩師學長，幸運地得到了家人無條件的支持。我也希望這本書稿，能把這份使命和幸運，一直傳遞下去。

劉秋瑞

二〇一九年十二月於鄭州

**圖書在版編目(CIP)數據**

宋人著録商周青銅器銘文文字編 / 劉秋瑞編著. --
北京：社會科學文獻出版社，2020.12
ISBN 978-7-5201-6856-4

Ⅰ.①宋… Ⅱ.①劉… Ⅲ.①青銅器（考古）-金文-
研究-商周時代 Ⅳ.①K877.34

中國版本圖書館CIP數據核字（2020）第121494號

**宋人著録商周青銅器銘文文字編**

編　　著 / 劉秋瑞

出 版 人 / 王利民
責任編輯 / 李建廷

出　　版 / 社會科學文獻出版社·人文分社（010）59367215
地址：北京市北三環中路甲29號院華龍大厦　郵編：100029
網址：www.ssap.com.cn
發　　行 / 市場營銷中心（010）59367081　59367083
印　　裝 / 三河市東方印刷有限公司

規　　格 / 開 本：787mm×1092mm　1/16
印 張：23.5　字 數：302千字
版　　次 / 2020年12月第1版　2020年12月第1次印刷
書　　號 / ISBN 978-7-5201-6856-4
定　　價 / 268.00圓